Editora responsable
Ana Doblado

Texto e ilustraciones
Procedentes del libro *365 preguntas*
publicado por Susaeta Ediciones, S.A.

Diseño y maquetación
Myriam Sayalero, bajo la dirección de
Servilibro Ediciones, S.A.

Revisión de textos
Bárbara S. Williams

365

preguntas y respuestas

SERVILIBRO

Contenido

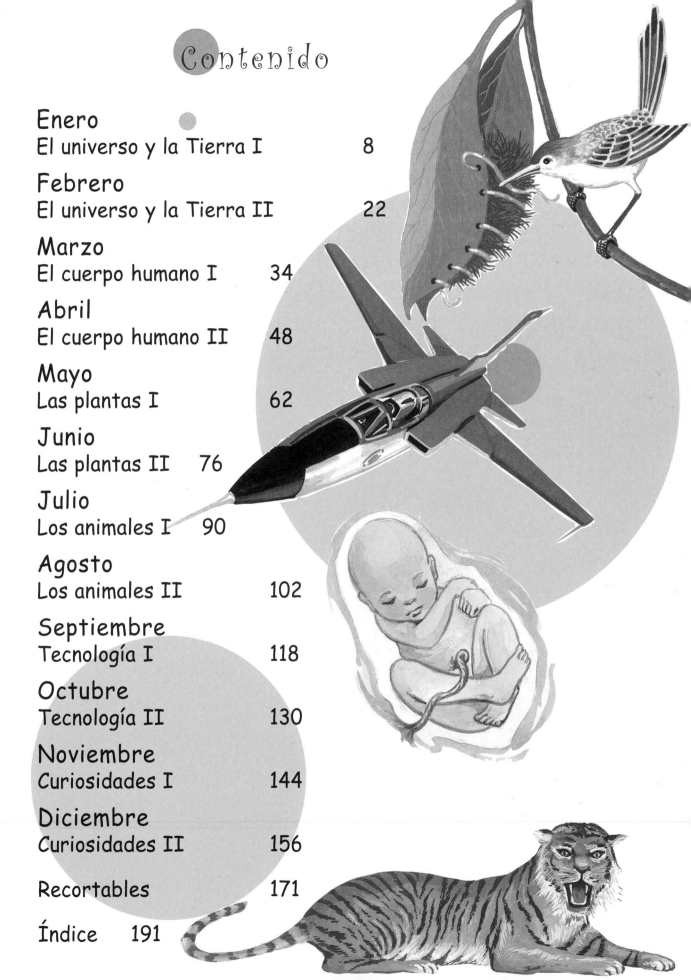

1 de enero

¿POR QUÉ LA TIERRA ES REDONDA?

La teoría más aceptada acerca del origen de la Tierra afirma que ésta se formó al desprenderse del Sol un pedazo de materia incandescente que adoptó la forma de una esfera. Al estar sometida a un movimiento de giro sobre su eje, la forma definitiva que tomó con el enfriamiento de su corteza fue la de un óvalo suave, ligeramente achatado por los polos.

2 de enero

¿POR QUÉ BRILLAN LAS ESTRELLAS EN EL FIRMAMENTO?

Existen en el universo innumerables soles como el que ilumina y calienta a la Tierra. Al igual que nuestro astro rey, estos soles, conocidos con el nombre de estrellas, producen luz propia, debido a la combustión de su propia materia. Su luz nos llega como un brillo suave, a causa de la gran distancia que les separa de nosotros.

3 de enero

¿POR QUÉ LAS ESTRELLAS NO BRILLAN DURANTE EL DÍA?

La capa de aire que envuelve a la Tierra es transparente. Sin embargo, durante el día esta masa gaseosa absorbe gran parte de la luz que nos llega del Sol dándole un color azulado. Por eso de día vemos azul el cielo. Esta absorción luminosa impide que podamos percibir el brillo de las estrellas.

4 de enero

¿POR QUÉ ALGUNAS NOCHES NO SE VE LA LUNA?

La Luna no irradia luz propia, sino que refleja la luz solar. Puede ocurrir que la Tierra se haya interpuesto entre el Sol y nuestro satélite haciéndolo invisible. Es lo que se llama «eclipse». Puede suceder también que en su giro la Luna se encuentre en el lado opuesto al nuestro. Es posible, por último, que las nubes nos impidan su visión.

5 de enero

¿POR QUÉ EN ALGUNAS OCASIONES LA LUNA NO ES REDONDA?

El Sol siempre ilumina media superficie lunar, pero debido a los movimientos de la Tierra alrededor del Sol y de la Luna alrededor de la Tierra hay momentos en los que los rayos del Sol iluminan la Luna por la derecha o por la izquierda. Los estados sucesivos de iluminación de la Luna se denominan fases lunares y son los siguientes: Luna llena, cuarto menguante, Luna nueva y cuarto creciente.

6 de enero

¿POR QUÉ CUANDO CAMINAMOS LA LUNA PARECE ACOMPAÑARNOS?

En realidad la Luna no se ha movido a nuestra misma velocidad; lo que ocurre es que la distancia de nuestro satélite a la Tierra es tan grande en relación con la distancia que recorremos nosotros, que no podemos apreciar su verdadero cambio de posición.

7 de enero

¿POR QUÉ EL SOL NO BRILLA POR LAS NOCHES?

Tenemos la noción de día o de noche según el Sol esté iluminando o no la zona de la Tierra en la que nos encontramos. Durante la noche el Sol ilumina la parte de la Tierra opuesta a nosotros, y por ello no vemos luz, el cielo se vuelve negro y se pueden ver las estrellas.

8 de enero

¿POR QUÉ EN ALGUNOS LUGARES DEL MUNDO HACE FRÍO Y EN OTROS CALOR?

El factor principal por el que nuestra estrella solar no calienta igual en todos los puntos del planeta es el ángulo que forman los rayos solares con la superficie terrestre: cuando los rayos del Sol son tangenciales a la Tierra se da la mínima cantidad de insolación.

Si los rayos del Sol son perpendiculares a la superficie de la Tierra, el calor es muy intenso. Éste es el caso del ecuador.

Otra causa es la altitud del lugar: a zonas más altas corresponden temperaturas más bajas.

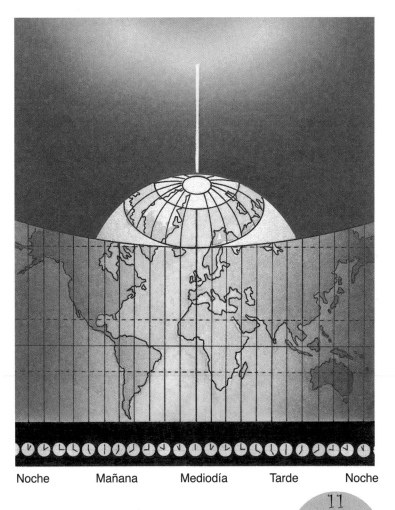

Noche   Mañana   Mediodía   Tarde   Noche

9 de enero

¿POR QUÉ NO ES LA MISMA HORA EN TODOS LOS PAÍSES DEL MUNDO?

El hombre ha dividido el tiempo de rotación de la Tierra en 24 intervalos, denominados horas.

Para establecer convenientemente cuándo empieza y finaliza la rotación, se toma como referencia el momento en el que los rayos solares caen casi en perpendicular. Los rayos no caen en perpendicular sobre todos los puntos de la Tierra en el mismo instante, sino sucesivamente, a medida que gira el planeta. Por eso hay variación horaria entre distintos lugares del mundo.

10 de enero

¿POR QUÉ LA SEMANA TIENE SIETE DÍAS?

La Biblia cuenta que Dios creó el universo en seis periodos de tiempo y que utilizó el séptimo para descansar. Los nombres castellanos de los días de la semana proceden del latín. Entre los romanos el lunes estaba dedicado a la Luna, el martes a Marte, el miércoles a Mercurio, el jueves a Júpiter y el viernes a Venus. El nombre del sábado procede del «sabbat» judío y el del domingo fue introducido por los cristianos para designar el día consagrado al Señor (*Dominus*).

Lunes
Martes
Miércoles
Jueves
Viernes
Sábado
Domingo

11 de enero

¿POR QUÉ EL AÑO SE DIVIDE EN DOCE MESES?

El año es en realidad el tiempo que tarda la Tierra en dar un giro completo alrededor del Sol. El hecho de haber dividido este periodo en doce partes se debe a que los babilonios tomaron como unidad de tiempo el periodo que transcurre entre dos lunas llenas, al que llamaban «Luna» o «Mes». Nuestro calendario actual es un perfeccionamiento de aquél.

12 de enero

¿POR QUÉ DURANTE EL DÍA EL CIELO TIENE COLOR AZUL?

Se sabe que la luz blanca está compuesta de distintos colores. Uno de ellos, el azul, se difunde al penetrar la luz solar en la atmósfera, dándole al firmamento su color característico.

13 de enero

¿POR QUÉ EXISTEN LAS MONTAÑAS?

Su origen es variado: proceden de fracturas de la superficie, de erupciones volcánicas, de la sedimentación de materiales en el fondo de los mares y su posterior plegamiento, de la creación de grandes desniveles por efecto de la erosión, etc.

14 de enero

¿POR QUÉ ARROJAN FUEGO ALGUNAS MONTAÑAS?

El interior de la Tierra está formado por roca fundida a alta temperatura. Las presiones originadas en esta masa fundida (magma) hacen que se agriete la corteza terrestre. Por estas grietas escapan entonces las masas de lava y humo, dando origen a los volcanes.

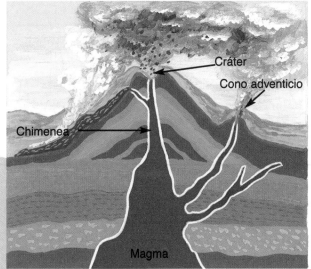

Cráter

Cono adventicio

Chimenea

Magma

15 de enero

¿POR QUÉ SE PRODUCEN LOS TERREMOTOS?

Los terremotos o temblores de tierra se producen por corrimiento de capas interiores de la Tierra y también por cambios de presiones de estas capas. La amplitud del terremoto que se aprecia en la superficie de la Tierra depende de la profundidad a que se encuentre localizado el hipocentro o punto del temblor.

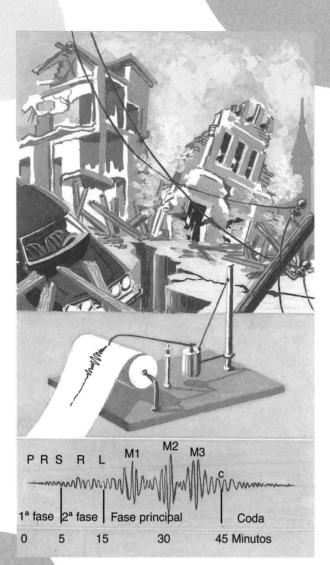

P R S R L	M1	M2	M3	C
1ª fase	2ª fase	Fase principal		Coda
0	5	15	30	45 Minutos

16 de enero

¿POR QUÉ EXISTE EL ECO?

El sonido se transmite por medio de ondas. Si estas ondas encuentran en su camino algún obstáculo, chocan con él y rebotan propagándose en sentido opuesto al que llevaban originalmente. Este fenómeno se denomina eco. Si intentásemos producir el eco en una habitación, no lo conseguiríamos oír, ya que las distancias son tan cortas y la velocidad del sonido tan rápida que las vibraciones de ida y vuelta se perciben simultáneamente.

17 de enero

¿POR QUÉ ALGUNOS RÍOS SE QUEDAN SIN AGUA DURANTE EL VERANO?

El agua de los ríos es suministrada por sus manantiales, el agua de la lluvia y los deshielos de las nieves de las montañas. Durante el invierno, las precipitaciones de agua y de nieve son numerosas, por lo que los ríos llevan abundante caudal. Sin embargo, al llegar el verano las lluvias se hacen mucho menos frecuentes y la nieve ha desaparecido.

18 de enero

¿POR QUÉ LAS CORRIENTES DE LOS RÍOS LLEVAN SIEMPRE EL MISMO SENTIDO?

El nacimiento de un río se produce siempre en zonas altas, como son las montañas o las mesetas. El descenso de las aguas se debe a la fuerza de la gravedad, que les obliga a seguir las líneas de máxima pendiente. A medida que pasa el tiempo el roce del agua va erosionando el suelo y se forma el camino natural o cauce del río.

19 de enero

¿POR QUÉ LAS PIEDRAS QUE ARRASTRAN LOS RÍOS ESTÁN REDONDEADAS?

La razón de su forma es que tales piedras han ido limando sus aristas y asperezas al haber entrechocado unas con otras, al haber sufrido el rozamiento continuo del lecho del río y al haber sido «lamidas» por el agua durante años y años.

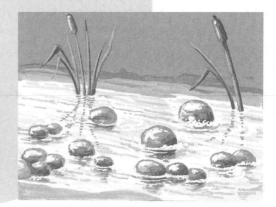

¿POR QUÉ SE PRODUCE LA LLUVIA?

El calor del Sol evapora las capas superficiales del agua de los mares, que ascienden, por pesar menos que el aire, y forman las nubes.

Estas concentraciones de vapor son arrastradas por el viento hacia el interior de los continentes. Si desciende la temperatura, el vapor de agua se condensa, volviendo así a su estado líquido en forma de gotas, que al ser más pesadas que el aire se precipitan.

21 de enero

¿POR QUÉ SE ORIGINAN LAS TORMENTAS?

Mientras tiene lugar la tormenta, la precipitación de agua es acompañada de fenómenos luminosos (relámpagos) y acústicos (truenos). Estos fenómenos se producen al establecerse una diferencia de tensión eléctrica entre dos nubes o entre una nube y la tierra, con desprendimiento de chispa.

El resplandor del relámpago y el estruendo del trueno se producen simultáneamente, pero lo percibimos en distintos momentos debido a las diferentes velocidades de propagación de la luz y el sonido.

22 de enero

¿POR QUÉ SALE EL ARCO IRIS?

Se produce normalmente cuando llueve y luce el sol al mismo tiempo. Es el efecto de la refracción de la luz blanca del sol en los siete colores que la componen, al atravesar las finas gotas de lluvia con cierto ángulo.

23 de enero

¿POR QUÉ SE PRODUCE LA NIEBLA?

Cuando las aguas superficiales de los mares y ríos se convierten en vapor de agua, éste se eleva y origina nubes por condensación. Pero si la condensación se produce a ras de suelo, debido a las bajas temperaturas de las capas inferiores o a un exceso de humedad en el aire, aparecen las nubes que llamamos «niebla».

24 de enero

¿POR QUÉ SENTIMOS EL AIRE Y NO PODEMOS VERLO?

El aire es un gas formado de varios elementos, entre los que predominan el oxígeno y el nitrógeno. Al encontrarse en libertad las moléculas del aire se hallan muy separadas entre sí, como ocurre con todos los gases, y permiten el paso de la luz. Por eso no vemos el aire, aunque podamos sentirlo cuando nos golpea el rostro al moverse.

25 enero

¿POR QUÉ SE DESPLAZAN LAS NUBES EN EL CIELO?

Ya sabemos que las nubes se producen al condensarse el vapor de agua que procede de la evaporación de los mares y de los ríos. Y debido a que están formadas por infinidad de gotitas de agua, caen muy lentamente y parece que flotan en las capas altas de la atmósfera. Cuando sopla el viento, a causa de las variaciones de temperaturas entre las distintas capas atmosféricas, arrastra las nubes y las mueve a su misma velocidad, lo que nos da la impresión de que las nubes se mueven por sí solas.

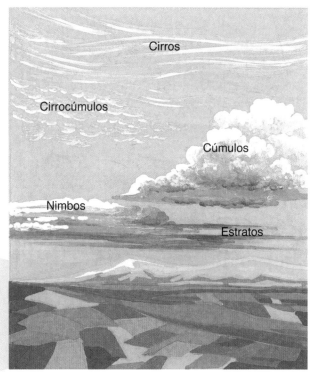

26 de enero

¿POR QUÉ SE PRODUCEN EL ROCÍO Y LA ESCARCHA?

La capa atmosférica está compuesta no sólo de aire, sino también de cierta cantidad de humedad. Cuando durante la noche desciende la temperatura, este agua se licúa, formando unas pequeñas gotas denominadas rocío.

Durante el invierno las bajísimas temperaturas lo congelan, formándose entonces cristalitos de hielo. Este fenómeno es lo que se conoce con el nombre de escarcha.

27 de enero

¿POR QUÉ A VECES VEMOS NUESTRA IMAGEN REFLEJADA EN EL AGUA?

La luz que llega al agua se reparte de tres maneras: una parte se absorbe en forma de calor; otra parte la atraviesa, desviándose; por último, otra parte se refleja.

La reflexión se produce en la superficie del agua, pues ésta se comporta como un verdadero espejo. Así cuando el agua está en calma podemos ver reflejada nuestra imagen.

28 de enero

¿POR QUÉ NIEVA EN INVIERNO?

En invierno, la inclinación de los rayos solares es mucho mayor que en cualquier otra época del año, lo que origina la disminución de las temperaturas, tanto en la superficie de la Tierra como en la atmósfera que la envuelve. Las gotas de agua que componen las nubes no se precipitan, sino que se hielan instantáneamente formando cristales que se unen entre sí: los copos de nieve que llegan al suelo sin fundirse.

29 de enero

¿POR QUÉ SE FORMAN LAS OLAS EN EL MAR?

Al moverse el aire sobre la superficie del mar ocasiona un desplazamiento de masas de agua que conocemos con el nombre de oleaje. El tamaño y la velocidad de las olas depende de la intensidad del viento. Las olas gigantes, que pueden alcanzar hasta veinte metros de altura, tienen una causa diferente: los movimientos sísmicos del fondo del mar, conocidos como «maremotos».

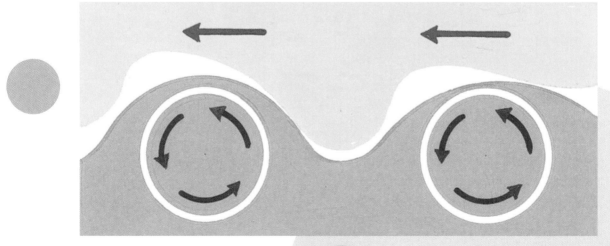

¿POR QUÉ EL AGUA DEL MAR ES SALADA?

Durante el avance de los ríos para alcanzar el mar, las aguas arrastran sales y productos cálcicos de la superficie de las rocas que disuelven y depositan en el fondo de los mares. La evaporación superficial del agua de los océanos ha mantenido constante el nivel del agua. Sin embargo, el cúmulo de sales aumenta progresivamente. Esto determina que el agua del mar esté fuertemente salada. La salinidad (grado de concentración de sales) varía de unos mares a otros.

¿POR QUÉ SE PRODUCEN LAS MAREAS?

Las mareas son desplazamientos del agua del mar sobre la superficie de la Tierra. La gran masa oceánica está condicionada por la atracción de la Luna y del Sol, aunque la influencia de la primera es superior por su mayor proximidad. El agua se desplaza en un sentido o en otro según dónde esté la Luna. Las seis horas de avance se denominan flujo, y las de retroceso, reflujo.

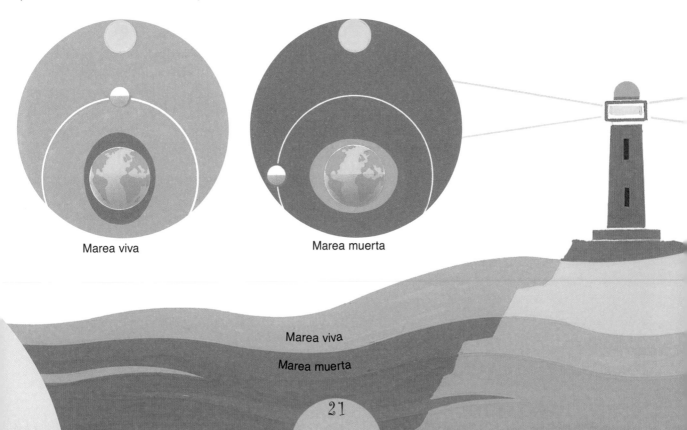

Marea viva

Marea muerta

Marea viva

Marea muerta

1 de febrero

¿POR QUÉ CAEN A TIERRA LOS METEORITOS?

Si observamos el firmamento en una noche clara, percibimos en seguida la estela de numerosos puntos luminosos, constituidos por partículas sólidas, procedentes del espacio sideral, que se desplazan a una enorme velocidad.

Por lo general, se disuelven al entrar en contacto con la atmósfera, pero algunas veces caen a tierra, como en el registrado Cañón del Diablo (Arizona), donde la caída de un meteorito produjo un cráter de 1.220 metros de diámetro y 183 metros de profundidad.

2 de febrero

¿POR QUÉ NO HAY VEGETACIÓN EN LOS DESIERTOS?

Bien por extrema escasez de precipitaciones, bien porque la intensa evaporación elimina rápidamente toda humedad. En uno u otro caso, el resultado es el mismo: sin humedad, la formación de tierra vegetal se hace imposible. Por otra parte, la acción del viento, intensísima en esos territorios, es factor de disgregación permanente, cuya resultante —las arenas— acrecienta aún más la aridez del suelo.

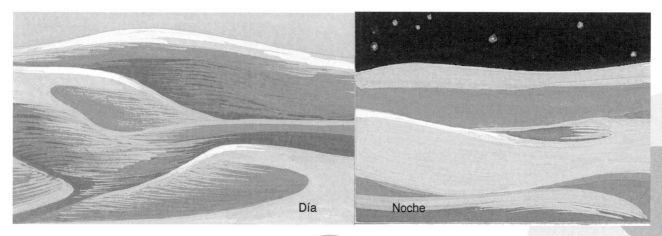

Día

Noche

3 de febrero

¿POR QUÉ TIENEN «CABELLERA» LOS COMETAS?

Los cometas son las formas astrales más primitivas del sistema solar. Cuando, periódicamente, la gélida masa de estos astros se acerca al Sol, el calor de éste provoca la evaporación de los gases cometarios, que salen violentamente en chorro formando la famosa «cabellera», la cual, por efecto del «viento solar», se proyecta siempre en dirección opuesta a la del Sol.

4 de febrero

¿POR QUÉ EL MAR NO INUNDA LA TIERRA?

La constante evaporación a que está sometida el agua de los mares mantiene prácticamente constante el nivel oceánico, aun cuando éste no sea uniforme para toda su superficie. Bastaría que la temperatura de los casquetes polares aumentase sólo en algunos grados para que la fusión del hielo allí acumulado a lo largo de milenios hiciese subir el nivel de las aguas hasta límites catastróficos para la humanidad.

5 de febrero

¿POR QUÉ LAS AURORAS BOREALES SE LOCALIZAN EN EL POLO?

Estos meteoros de resplandescencia multicolor se producen en ambos polos: en el Norte se llaman auroras boreales; en el Sur, auroras australes. Cuando en la superficie del Sol se originan erupciones, las partículas electrizadas se dispersan y son atraídas por los campos magnéticos polares, donde, por efecto de la rarificación del aire, se produce esa luminiscencia cromática que las ha hecho famosas.

6 de febrero

¿POR QUÉ ALGUNOS RÍOS TERMINAN EN DELTA?

Esta modalidad de desembocadura múltiple, a la que los griegos clásicos pusieron el nombre de delta por la similitud geométrica de la boca del Nilo con la cuarta letra mayúscula de su alfabeto, suele darse en mares de actividad escasa y mareas débiles. Se forma por acumulación de materiales de arrastre fluvial, que van depositándose, hasta alcanzar, a veces, muchos kilómetros de longitud.

7 de febrero

¿POR QUÉ SE PRODUCE EL VIENTO?

El distinto grado de calentamiento a que están sometidas las diferentes regiones de la superficie terrestre origina masas de aire. Pues bien, como consecuencia de tales diferencias, las masas de aire cálido tienden a elevarse, en tanto que las frías pasan a ocupar ese lugar. Así se produce el viento

8 de febrero

¿POR QUÉ VEMOS SIEMPRE LA MISMA CARA DE LA LUNA?

La Luna, al igual que la Tierra, está animada por dos movimientos: uno, de traslación alrededor de nuestro planeta, y otro de rotación sobre su eje. Mas como el tiempo que invierte en este último coincide exactamente con el que emplea en realizar una revolución en torno a la Tierra, nos ofrece siempre la misma cara.

9 de febrero

¿POR QUÉ SE PRODUCE EL FUEGO DE SAN TELMO?

Este curioso fenómeno fue motivo de supersticioso terror para los navegantes. El hecho de que en los terminales de los objetos metálicos, así como en las puntas de la arboladura de los veleros se formasen, durante la noche, penachos luminosos, hoy está perfectamente explicado: se trata de un meteoro eléctrico que sobreviene cuando la atmósfera se sobrecarga de electricidad.

10 de febrero

¿POR QUÉ A VECES LA CARRETERA NOS PARECE HÚMEDA Y ESTÁ SECA?

Es lo que se llama «espejismo» y tiene su origen en la reflexión de la luz, cuando ésta atraviesa capas atmosféricas de distinta intensidad. La capa de aire inmediata al asfalto crea una doble imagen invertida, que nos da la ilusión del reflejo del agua. Es el fenómeno típico de los desiertos.

11 de febrero

¿POR QUÉ HOY DÍA LA BASURA PUEDE SER DE UTILIDAD?

Gracias a la química moderna, la basura se ha convertido en una valiosa fuente de riqueza. La reconversión de los productos de desecho, no sólo es ya posible, sino que constituye un capítulo importante en la economía de los países desarrollados. Merced a técnicas especiales, a partir de los detritos de toda especie, se obtienen, entre otros productos, fertilizantes de excelente calidad y aglomerados de pavimentación.

12 de febrero

¿POR QUÉ SE PRODUCEN LOS TIFONES?

El tifón se origina siempre por una gran depresión barométrica, cuyas masas de aire provocan vientos convergentes de extraordinaria violencia. Estos formidables «embudos» suelen acompañarse de gran aparato eléctrico y copiosa lluvia, y su arrollador empuje, causa de terribles devastaciones, cede sensiblemente en energía cuando atraviesa los continentes.

13 de febrero

¿POR QUÉ FLOTAN LOS ICEBERGS?

El agua, al helarse, pierde densidad. El hecho de que los icebergs —masas desprendidas, por fractura, de los casquetes polares— estén constituidos, en buena parte, por agua de las precipitaciones atmosféricas, favorece sensiblemente la flotabilidad de estos bloques de hielo, de los cuales, por lo general, emerge sólo una octava parte de su volumen.

14 de febrero

¿POR QUÉ ES TAN ABUNDANTE EL CARBÓN?

Desde épocas remotísimas, la vigorosa vegetación que poblaba la superficie del planeta fue quedando sepultada en las entrañas de la tierra, desecándose, perdiendo su oxígeno y progresivamente enriqueciéndose en carbono, hasta concluir en la petrificación definitiva. Las reservas mundiales de carbón se cifran en unos 5,5 billones de toneladas.

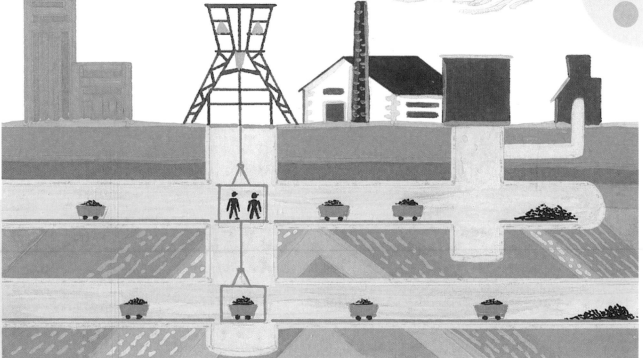

15 de febrero
¿POR QUÉ NOS GUSTA EL SOL?

Como astro central que rige todo nuestro sistema planetario y fuente inagotable de luz y calor, el Sol ha gozado siempre de supremo reconocimiento. Los egipcios, bajo el nombre de Râ, le dispensaban rango de divinidad; asimismo, para los griegos, era el dios Helio. La importancia del Sol es tanta que si de repente se extinguiese su luz, concluiría toda forma de vida y la Tierra, en contadas horas, se convertiría en una yerta bola con temperaturas inferiores a los 270 grados bajo cero.

16 de febrero
¿POR QUÉ FLOTAN LOS ASTRONAUTAS EN EL ESPACIO EXTERIOR?

El peso no es más que la atracción que la Tierra ejerce sobre los cuerpos en función de la masa de éstos y de su proximidad a aquélla. De tal manera que cuando la distancia entre la Tierra y el cuerpo sobrepasa ese límite de atracción, el peso se anula, deja de existir y el astronauta «flota». Es lo que se llama «estado de ingravidez».

17 de febrero
¿POR QUÉ EXISTE «LA CIUDAD ENCANTADA» DE CUENCA?

A pocos kilómetros de Cuenca se alza un maravilloso laberinto de rocas calizas, cuyo conjunto remeda las más extrañas y caprichosas formas. Esta «ciudad», única en el mundo, es un producto de la erosión. La acción milenaria de múltiples agentes atmosféricos —lluvia, viento, disgregación térmica, química, etcétera— ha ido conformando esa singularísima «ciudad» de piedra, donde curiosas figuras (edificios, gigantes, monjes, guerreros...) parecen animarse, en efecto, como en un sueño de encantamiento.

18 de febrero

¿POR QUÉ BROTA INTERMITENTEMENTE EL AGUA DE LOS GÉISERES?

Los géiseres son volcanes acuosos que lanzan su hirviente chorro al aire con intervalos más o menos regulares. El mecanismo eruptivo se basa en que la temperatura del agua aumenta rápidamente desde la boca hasta el interior del conducto de expulsión. En esas condiciones basta que los vapores del subsuelo eleven la tensión de esa columna y disminuyan su presión para que el agua del nivel intermedio entre en ebullición y el líquido de la columna superior brote.

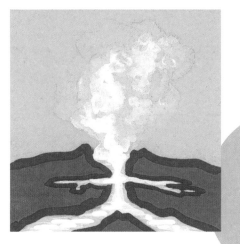

19 de febrero

¿POR QUÉ ES IMPORTANTE EL VIENTO?

Aunque a veces resulte catastrófico, el viento no sólo es útil, sino indispensable para la supervivencia de la Humanidad. Sin él, en efecto, el calor de los trópicos no llegaría jamás a las regiones que lo necesitan; las nubes, estancadas, no podrían repartir la benéfica lluvia, y, la concentración de miasmas y demás agentes contaminantes creados por la civilización harían absolutamente imposible la existencia del hombre sobre la superficie del planeta.

20 de febrero

¿POR QUÉ ES VISIBLE EL «SOL DE MEDIANOCHE»?

La acción del Sol sobre la superficie del globo terráqueo decrece progresivamente en dirección a los polos. Y como el eje de rotación de la Tierra no es vertical, sino oblicuo, durante el periodo solsticial de cada polo el Sol se mantiene ininterrumpidamente visible durante las 24 horas del día, y es posible contemplarle incluso a medianoche.

21 de febrero

¿POR QUÉ SE DESPRENDE HUMO DE LOS ESTERCOLEROS?

Estos acúmulos agrícolas están constituidos por excrementos animales y otras sustancias de origen vegetal, cuya fermentación, favorecida por la humedad, desencadena una incesante actividad química. Por la acción de la urea, la celulosa se descompone y genera calor. Asimismo, como consecuencia de múltiples oxidaciones producidas en el seno de la masa, se originan gases, cuya humareda flota permanentemente sobre el montículo del estercolero.

22 de febrero

¿POR QUÉ SE FORMAN LAS GRUTAS SUBTERRÁNEAS?

Estas cavidades se originan en tierras de naturaleza caliza, porque en ellas la agresividad química del agua, favorecida por las sales del suelo, transforma el carbonato de calcio insoluble en bicarbonato soluble.

El resultado de esta corrosión tenaz de las rocas es, entre otros, la formación de las cavernas donde el lento goteo de este carbonato sobre la base levanta poco a poco esas vistosas columnas que conocemos con el nombre de estalactitas y estalagmitas.

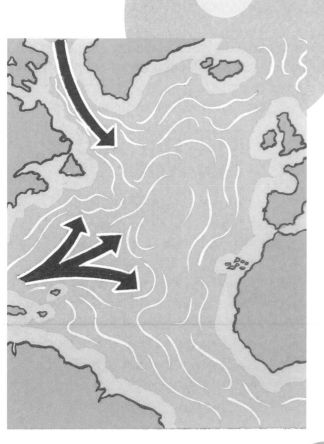

23 de febrero

¿POR QUÉ SON IMPORTANTES LAS CORRIENTES OCEÁNICAS?

Estos flujos acuáticos —verdaderos ríos dentro de la masa oceánica— vienen determinados por la distinta densidad de las aguas, por su diferente temperatura, por la acción de los vientos dominantes y por el efecto dinámico de la rotación terrestre. Mientras la del Gulf Stream (originaria de las Antillas) suaviza notablemente los rigores invernales de la Europa occidental, la de El Labrador (de origen nórdico) recrudece los inviernos de las costas orientales de América septentrional.

¿POR QUÉ HAY FÓSILES?

Se conocen por fósiles aquellos animales o plantas que han quedado sepultados en las entrañas de la tierra y cuya imagen, mejor o peor conservada, parece impresa en los estratos rocosos. Existe tam-

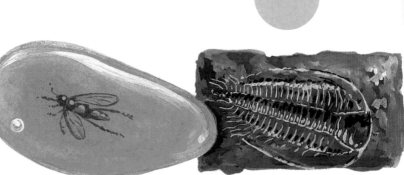

bién otro género de fosilización, en el que la materia se conserva prácticamente intacta. Es el caso de ciertos mamuts, de algunos rinocerontes, y de numerosos insectos incrustados en el ámbar segregado por coníferas.

¿POR QUÉ ALGUNOS RÍOS PRESENTAN MEANDROS?

Este fenómeno, ciertamente curioso, se origina cuando el río discurre con velocidad escasa y el agua se ve forzada a rodear obstáculos o a seguir distintas pendientes de curso. Los meandros, se repiten una y otra vez porque la corriente es sucesivamente empujada de derecha a izquierda y de izquierda a derecha. Con ello, la fuerza centrífuga de la corriente excava la orilla externa y deposita los materiales erosionados en la opuesta.

¿POR QUÉ NO SE FUNDEN LOS GLACIARES?

Los glaciares son masas de hielo acumulado permanentemente en alta montaña o regiones polares a salvo de las temperaturas de fusión. Su extensión actual alcanza aproximadamente el 10 por ciento de la superficie del Globo. Si esta formidable masa helada llegase a licuarse y revertiese al océano, el nivel de las aguas ascendería un promedio de 60 metros, lo que originaría una catástrofe mundial.

27 de febrero

¿POR QUÉ SE ORIGINAN LOS FUEGOS FATUOS?

Cuando por efecto de la descomposición de ciertas sustancias orgánicas en las que está presente el fósforo, éstas se volatilizan, se produce la emanación del hidrógeno sulfurado incandescente, que la brisa transporta en forma de ligeras llamas danzantes. De ahí que este fenómeno, frecuente en los pantanos y, sobre todo, en los cementerios, haya excitado siempre la imaginación de las gentes.

28 de febrero

¿POR QUÉ SE FORMAN LOS ATOLONES?

Estos anillos rocosos son una creación de origen animal. Los agentes constructores —los corales— actúan en combinación con determinadas algas calcáreas. Los atolones se forman siempre en aguas de extrema transparencia y escasa profundidad. Su desarrollo exige también aguas de nivel térmico entre los 18 y 37 grados. Las colonias coralíferas van acumulándose en capas sucesivas y acaban por emerger a la superficie hasta formar ese arrecife típicamente anular, con lago interior.

¿POR QUÉ CUANDO VAN A TENER UN HIJO LAS MAMÁS ENGORDAN TANTO?

Al igual que todos los animales vivíparos, el hombre se desarrolla a partir de un huevo o cigoto que se forma por unión de dos células, una procedente del padre y otra de la madre.

El cigoto se forma en el útero, que es una cavidad situada en el vientre materno, y por medio de repetidas multiplicaciones celulares comienza a crecer. Al ir el niño aumentando progresivamente de tamaño, esto se manifiesta exteriormente en el engordamiento de la madre.

2 de marzo

¿POR QUÉ AL NACER EL NIÑO LAS MADRES SE INTERNAN EN UN HOSPITAL?

No hace mucho tiempo, bastantes madres solían dar a luz en la propia casa, asistidas por una matrona. Hoy día es preferible acudir al sanatorio, donde cualquier complicación puede ser atendida con todos los mejores medios. El parto es un fenómeno natural, pero puede ser lento y doloroso y existe peligro de infección. Para conseguir las máximas garantías de seguridad y comodidad, tanto para la futura madre como para el niño, se suele ingresar a aquélla en un hospital.

3 de marzo

¿POR QUÉ LOS RECIÉN NACIDOS TIENEN LA PIEL TAN ARRUGADA?

Durante los nueve meses de gestación del nuevo ser, éste se encuentra en un ambiente cálido, en semioscuridad y en medio de un silencio absoluto. La salida a un medio exterior abierto, la presencia de la luz y los movimientos han de provocar en el recién nacido un sentimiento de sorpresa y miedo. Todo ello hace que la expresión del niño al nacer sea desagradable. Por otra parte, la piel del niño aún no ha adquirido el suficiente grado de hidratación, por lo que aparece arrugada durante sus primeros días.

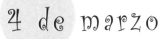

4 de marzo

¿POR QUÉ LOS BEBÉS NO CAMINAN CUANDO NACEN, COMO LOS ANIMALES?

Desde el momento de nacer, el bebé puede realizar las funciones naturales. Sin embargo, el recién nacido no sabe caminar, a diferencia de otras especies. Esto se debe a que el hombre camina sobre sus dos extremidades inferiores, mientras que el resto de especies lo hacen sobre las cuatro extremidades. Esta facultad requiere un difícil aprendizaje de los recién nacidos, que «gatean», es decir, andan a cuatro patas como si fueran animales.

5 de marzo

¿POR QUÉ NO TIENEN DIENTES LOS RECIÉN NACIDOS?

Durante algún tiempo el bebé depende de la leche materna o de alimentos líquidos. Para este tipo de alimentación los dientes no son necesarios, porque no es preciso masticar. Los dientes van apareciendo más tarde del interior de sus encías. Cuando completa toda su dentición ya puede ingerir alimentos totalmente sólidos.

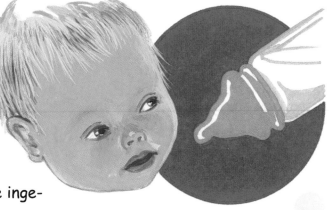

¿POR QUÉ LOS HUMANOS NO TENEMOS RABO, COMO LOS MONOS?

Parece comprobado que la cola de los animales tiene como función principal ayudar a mantener el equilibrio. En el caso de los monos de cola larga, ésta les sirve para facilitar su desplazamiento de rama en rama y les es de máxima utilidad, ya que su medio ambiente es el árbol, en el que encuentran fuente de alimento y vivienda. La especie humana se adaptó a vivir en tierra firme y la cola dejaría de cumplir su función a lo largo del proceso evolutivo. De ahí que el hombre sólo posea como vestigio de la posible primitiva cola unas cuantas vértebras rudimentarias (cóccix).

7 de marzo

¿POR QUÉ LOS SERES HUMANOS TENEMOS OMBLIGO?

Cuando el niño se encuentra antes de nacer en el interior de la madre, la alimentación le llega a través de un conducto que se llama «cordón umbilical».

Cuando nace el bebé, la placenta ya no cumple función alguna. Entonces el médico corta el cordón umbilical y queda una cicatriz en el centro del abdomen. A esta cicatriz, se le denomina «ombligo».

8 de marzo

¿POR QUÉ LAS MADRES DAN DE MAMAR A SUS HIJOS?

Al igual que todos los mamíferos, las madres amamantan a sus hijos cuando nacen. Esto se debe a que el recién nacido precisa en ese primer periodo de su vida de alimentos de muy fácil asimilación y el más completo es la leche materna, que contiene vitamina C, hierro y sustancias inmunizantes que evitan riesgos de infección. Por otra parte, el amamantamiento establece una relación afectiva entre la madre y el hijo que influirá positivamente en la vida psíquica futura del niño.

9 de marzo

¿POR QUÉ CRECEMOS Y CRECEMOS CONTINUAMENTE, SIN NOTARLO?

El crecimiento se debe al aumento de tamaño de las células del cuerpo y por sucesivas divisiones de éstas. Es un proceso natural y no nos damos cuenta de él por su lentitud. El crecimiento es posible gracias a las fuentes nutritivas y energéticas que proporcionan los alimentos. Por eso es importante una buena alimentación durante el periodo de crecimiento.

37

10 de marzo

¿POR QUÉ SENTIMOS HAMBRE Y SED?

El cuerpo humano, como toda máquina, es un sistema transformador de energía y precisa que ésta le sea proporcionada desde el exterior en forma de alimento. Cuando el cuerpo precisa de agua y alimentos lo manifiesta mediante las sensaciones de sed y hambre, que constituyen una especie de aparato de alarma del organismo.

11 de marzo

¿POR QUÉ LLORAMOS CUANDO ALGO NOS DUELE O ESTAMOS TRISTES?

Cuando algo influye en nuestras emociones, se producen en ciertas zonas del cerebro reflejos condicionados que determinan la expulsión de lágrimas. Esta secreción no es solamente un sistema de alarma que indica algo anormal en nuestro estado emocional, sino que también sirve de desahogo de la tensión establecida, por lo que después de llorar sentimos sensación de alivio.

12 de marzo

¿POR QUÉ TENEMOS SUEÑO?

El gasto energético de nuestro cuerpo nos causa fatiga al acabar la jornada. Durante el día la función metabólica predominante en nuestro organismo es la de desgaste. Por ello de noche necesitamos estar en un estado de máximo reposo en el que las funciones se reduzcan al mínimo (respiración y latidos del corazón). Con el sueño recuperamos fuerzas.

13 de marzo

¿POR QUÉ CUANDO DORMIMOS CERRAMOS LOS OJOS?

El sueño es un estado de reposo del organismo. En este estado los músculos se relajan para trabajar al mínimo. Cuando estamos despiertos, los músculos de los párpados se encuentran contraídos, aunque no nos demos cuenta de ello. Al estar cerrados se relajan. Naturalmente este estado de relajación supone un término medio entre la abertura total y el cierre forzado.

14 de marzo

¿POR QUÉ RONCAMOS CUANDO DORMIMOS?

El ronquido no es más que un efecto sonoro del paso del aire de una manera deficiente a través de la faringe. Todo esto provoca que el aire que sale por la nariz, al amplificar su sonido en la caja de resonancia que constituye la cavidad bucal, origine ronquidos. Ciertas actividades, como el consumo de tabaco y alcohol, también dificultan la actividad del aparato respiratorio.

15 de marzo

¿POR QUÉ SOÑAMOS CUANDO DORMIMOS?

El cerebro, que es el órgano de la vida psíquica, funciona tanto de día como durante el reposo nocturno. Nuestra vida psíquica no se limita a las percepciones conscientes. En ella hay también una zona, el «inconsciente», cuya actividad nos pasa inadvertida. Mientras dormimos la actividad consciente se interrumpe, pero la inconsciente se nos manifiesta en forma de sueños. La frecuencia e intensidad de éstos está regulada por el cerebro.

16 de marzo

¿POR QUÉ PODEMOS HABLAR?

En nuestra laringe están situadas las cuerdas vocales, que cierran parcialmente el paso del aire que sale de los pulmones cuando respiramos. Al pasar el aire por la laringe se produce una vibración que origina un sonido. La variedad de tono, timbre y volumen de este sonido depende del grosor y la elasticidad de las cuerdas vocales, de la mayor o menor abertura de la boca, de la posición de la lengua, etc.

17 de marzo

¿POR QUÉ CUANDO CORREMOS O HACEMOS EJERCICIO SENTIMOS CALOR?

El cuerpo humano es, en síntesis, una máquina de transformación de energía. Las actividades de nuestro organismo se realizan transformando la energía química de los alimentos en otras manifestaciones energéticas. Cuando hay ejercicio muscular se desprende parte de la energía en forma de calor (energía térmica). A eso se debe el que nos sintamos acalorados después de una actividad física intensa (un partido de fútbol, una carrera, etc.).

18 de marzo

¿POR QUÉ PARECE SALIR «HUMO» DE NUESTRA BOCA CUANDO HACE FRÍO?

En el proceso de expulsión del aire de la respiración (espiración) no es sólo aire lo que sale de nuestra boca, sino una mezcla de gases. Cuando la temperatura ambiente es parecida a la de nuestro cuerpo, la mezcla de gases es invisible; pero cuando está muy por debajo de 36 °C el vapor de agua espirado se condensa en gotitas finísimas, produciéndose un efecto parecido al de la formación de las nubes. El «humo» de nuestra boca es, pues, vapor de agua condensado por un descenso térmico.

19 de marzo

¿POR QUÉ TIRITAMOS CUANDO SENTIMOS FRÍO?

La temperatura óptima para el funcionamiento de los mecanismos fisiológicos de nuestro cuerpo es de unos treinta y seis grados. Si por cualquier circunstancia esta temperatura baja, el mismo organismo se ocupa de manera automática (sin que intervenga nuestra voluntad), haciendo moverse millares de pequeñas fibras musculares para aumentar el ritmo de metabolismo hasta restablecer el equilibrio térmico. Este movimiento es lo que conocemos por «tiritar».

20 de marzo

¿POR QUÉ NO NOS DUELE QUE NOS CORTEN EL PELO?

La zona superior o externa del cabello (tallo), que es el pelo propiamente dicho, consta de células muertas, no dotadas de terminaciones nerviosas. De ahí que la zona externa del pelo sea insensible y no nos duela al ser cortada.

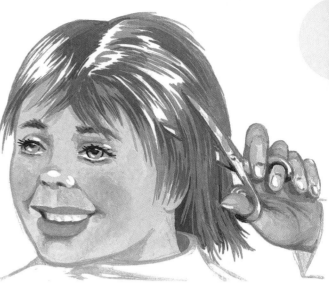

21 de marzo

¿POR QUÉ ALGUNOS HOMBRES SE QUEDAN CALVOS?

Con los años se van acumulando en los vasos capilares que alimentan la raíz del cabello ciertas sustancias grasas, que al dificultar o interrumpir el riego sanguíneo, producen la debilitación del pelo y su caída. Esta es la causa de que la mayoría de las personas de edad tengan escasez de cabello. El hecho de que la calvicie sea más frecuente en los hombres se debe a la influencia hormonal en este proceso.

22 de marzo

¿POR QUÉ LOS ANCIANOS TIENEN EL PELO TOTALMENTE BLANCO?

El color del cabello se debe a la presencia en él de una sustancia oscura llamada melanina. Las alteraciones metabólicas que se originan a medida que transcurre el tiempo hacen que la melanina no se forme en suficiente cantidad. Esta es la causa de la decoloración del cabello, que va tomando un aspecto blanquecino. Pero las alteraciones pueden producirse mucho antes de la vejez por causas naturales, por enfermedades o por impresiones emocionales profundas.

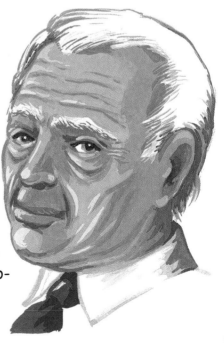

¿POR QUÉ NOS SALEN ARRUGAS AL ENVEJECER?

La frescura y la tersura de una piel joven se deben principalmente a la cantidad de agua que retienen las células del organismo en las edades tempranas. Cuando transcurre el tiempo se pierde más cantidad de agua que la que incorpora al organismo. En definitiva, el resultado es que las células carecen del agua suficiente y que la progresiva deshidratación les obliga a contraerse.

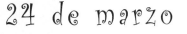

24 de marzo

¿POR QUÉ ALGUNOS NIÑOS TIENEN LA PIEL CUBIERTA DE PECAS?

La coloración de la piel, así como la del pelo, se debe a una sustancia llamada melanina. Esta sustancia tiene como función principal la de proteger las células de los estratos profundos de la piel de la acción de determinadas radiaciones solares que podrían producir quemaduras.

En el caso de las personas de piel muy blanca y cabello claro, su organismo tienen a producir melanina en gran cantidad cuando se exponen al sol. De ahí esa acumulación intensa en pequeñas manchas a las que llamamos «pecas».

25 de marzo

¿POR QUÉ SENTIMOS VÉRTIGO EN LAS ALTURAS?

Normalmente, cuando nos encontramos en un lugar elevado tenemos cierto miedo a caer. Este miedo afecta a nuestro sistema nervioso, el cual no tarda en transmitir a nuestro cerebro indicaciones contradictorias.

Por una parte sentimos que nos encontramos en lugar seguro y por otra nos parece estar cayendo en el vacío; esto determina una desagradable sensación de pérdida del equilibrio. Tal sensación de desequilibrio, esta angustia, es lo que llamamos vulgarmente «vértigo».

26 de marzo

¿POR QUÉ EN ALGUNAS OCASIONES SE NOS DUERMEN LAS EXTREMIDADES?

En ocasiones sentimos un característico hormigueo en los brazos o en las piernas y pies y decimos que nuestros miembros se han «dormido». La razón de este fenómeno es que, al adoptar determinadas posturas corporales durante un tiempo prolongado, provocamos el aplastamiento de los vasos sanguíneos (venas y capilares), de forma que se dificulta la circulación de la sangre.

27 de marzo

¿POR QUÉ CONVIENE HACER DEPORTE?

En las sociedades industriales, como la nuestra, los hombres han sustituido, mediante la técnica, gran parte de los esfuerzos físicos que antes se veían obligados a hacer. La ciudad ofrece comodidades en el transporte, en la vida doméstica, etc., que ahorran el ejercicio muscular. Esto encierra sus peligros, pues una actividad física moderada es indispensable para el buen funcionamiento, no sólo de nuestros músculos, sino también del aparato respiratorio, de la actividad cardiaca y de la salud en general.

28 de marzo

¿POR QUÉ SE ACELERA EL CORAZÓN Y NOS FATIGAMOS CUANDO CORREMOS?

Al correr o hacer un gran esfuerzo, nuestro organismo, y en especial nuestros músculos, precisan una cantidad de energía mayor que la que utilizamos en condiciones normales. Esta energía ha de ser liberada mediante la combustión por eso nos vemos obligados a inspirar con más fuerza y a un ritmo mayor. Por otra parte, el corazón precisa llevar ese oxígeno a los músculos con la mayor rapidez y comienza a latir velozmente.

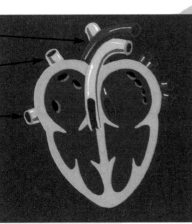

Aorta

Cava superior

Cava inferior

¿POR QUÉ TENEMOS UNA SOMBRA INSEPARABLE E IMITA NUESTROS MOVIMIENTOS?

Los rayos de luz originados por un foco luminoso se extienden por igual en todas las direcciones. Cuando estos rayos luminosos encuentran en su camino un cuerpo opaco (que es aquel que no deja pasar la luz a través de él) se detienen en su marcha, y la zona que está situada tras el cuerpo opaco queda sin iluminar. Como nuestro cuerpo es opaco, al llegar a él la zona de pared o suelo que está detrás de nosotros queda a oscuras. Por eso la sombra nos acompaña continuamente e imita todos nuestros movimientos.

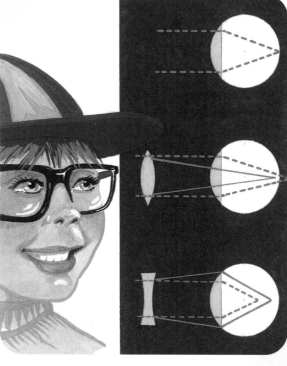

30 de marzo

¿POR QUÉ ALGUNOS NIÑOS LLEVAN GAFAS?

El ojo humano funciona como una lente que proyecta las imágenes en la retina, desde donde son transmitidas al cerebro. En algunas personas, el cristalino, que es la lente del ojo, posee una curvatura anómala, de manera que la imagen observada no se proyecta en la retina. El resultado es una percepción borrosa. Para corregir este defecto existen lentes artificiales, gafas o lentillas, que hacen que la imagen se proyecte en la retina correctamente.

¿POR QUÉ EL SOL NOS QUEMA LA PIEL EN VERANO?

El sol es un maravilloso agente desinfectante debido al efecto mortífero de su radiación ultravioleta sobre los microorganismos patógenos para la salud. No obstante, cuando nos exponemos durante largos periodos a la luz solar intensa, estas mismas radiaciones que antes nos beneficiaban pueden perjudicarnos de manera muy seria. Ésta es la razón de que se vendan tantas cremas protectoras de la piel.

¿POR QUÉ ESTORNUDAMOS?

El estornudo es un acto reflejo provocado por estímulos irritantes de origen diverso (térmico, químico, alérgico) que actúan sobre los terminales sensitivos de la mucosa nasal. Aunque su fase «explosiva», siguiente a la inspiración rápida, nos provoque una grata sensación de plenitud respiratoria, de ordinario, es síntoma inicial de resfriado.

2 de abril

¿POR QUÉ ALGUNAS PERSONAS, SIN SER SORDOMUDAS, NO PUEDEN HABLAR?

Este fenómeno, conocido por afasia, está determinado por la falta de correspondencia entre los centros cerebrales de la memoria, donde se «almacenan» las palabras, y el mecanismo verbal.

A veces, sin embargo, esta incapacidad se limita a la escritura; otras, a la lectura, y en un tercer caso, a la audición.

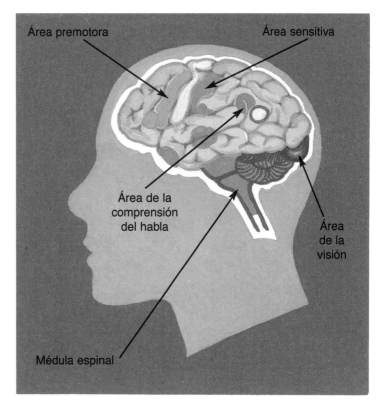

Área premotora

Área sensitiva

Área de la comprensión del habla

Área de la visión

Médula espinal

3 de abril

¿POR QUÉ NOS VACUNAMOS?

Este vocablo se aplica a todos los procedimientos capaces de producir estados de resistencia a las enfermedades infecciosas (difteria, rabia, tétanos, tifus, poliomielitis, etc.). La vacuna, por lo tanto, es una preparación elaborada a partir de microorganismos infecciosos, pero poco activos. Con ellas prevenimos nuestro organismo contra el ataque de esas enfermedades o bien obtenemos la curación de las mismas.

4 de abril

¿POR QUÉ DESPUÉS DE COMER NOS ESTREMECEMOS?

La causa radica en que el proceso químico-digestivo, en su fase inicial, provoca un gasto calórico. En definitiva, la digestión nos «roba» calor, y esta merma térmica es el factor desencadenante de la momentánea sensación de frío que entonces nos acomete.

5 de abril

¿POR QUÉ SE AMORATA LA PIEL CON LOS GOLPES?

Debajo de la piel se halla la compleja red de los vasos sanguíneos que riegan todo nuestro tejido muscular. Cuando por efecto de un golpe violento se rompen algunos de esos vasos, internamente se produce un derrame de sangre cuya manifestación más característica es el «cardenal» o «moratón», que provoca siempre la compresión de los tejidos y al mismo tiempo la disminución del volumen de la sangre.

6 de abril

¿POR QUÉ SE HACE LA RESPIRACIÓN ARTIFICIAL A LOS AHOGADOS?

El ahogamiento se produce cuando el agua impide al aire alcanzar las vías respiratorias del sujeto, y la asfixia sobreviene por la insuficiencia de oxigenación de la sangre, que origina la pérdida del conocimiento y el paro respiratorio. Mas como en el ahogado, por lo regular, el corazón sigue latiendo durante bastante tiempo, es indicado practicar a la víctima la respiración artificial, mientras el corazón continúa funcionando.

7 de abril

¿POR QUÉ HAY QUE LAVAR LAS VERDURAS?

Porque teniendo en cuenta que las huertas donde de ordinario se cultivan son regadas con aguas cuya pureza dista, muchas veces, de estar garantizada, es frecuente la presencia en las hojas de larvas y gérmenes patógenos, que más tarde pasarían directamente al aparato digestivo del consumidor, de efecto pernicioso.

8 de abril

¿POR QUÉ NOS «DA» HIPO?

El hipo no es otra cosa que un espasmo convulsivo del diafragma, sucesivo a una inspiración interrumpida. El ruido gutural que lo caracteriza se produce por la contracción violenta de la glotis al descender repentinamente el diafragma. Aunque generalmente pasajero, este fenómeno cede a la contención respiratoria prolongada. También, a los sustos repentinos.

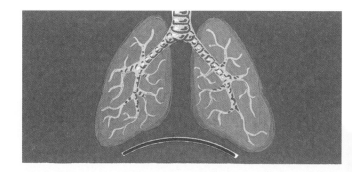

9 de abril

¿POR QUÉ LOS DEPORTISTAS NO DEBEN TOMAR ESTIMULANTES?

Modernamente, el dopaje (del inglés *doping*), que es el uso de estimulantes químicos para mejorar el rendimiento físico, se ha extendido a algunos deportes como el fútbol o el ciclismo. De ahí que las autoridades de numerosos países, estimándolo nocivo para la salud y contrario al verdadero espíritu deportivo, se hayan visto obligadas a controlarlo.

10 de abril

¿POR QUÉ ENVEJECEMOS?

El envejecimiento es el resultado de múltiples causas encadenadas.

En lo orgánico, descenso del gasto mínimo de las calorías precisas, merma de la fuerza muscular, de la capacidad visual y auditiva, reducción de la ventilación pulmonar y alteraciones cardiovasculares. En lo psíquico, pérdida de la memoria y disminución de la capacidad intelectual.

¿POR QUÉ ALGUNOS NIÑOS LAMEN LA CAL DE LAS PAREDES?

No es infrecuente, en efecto, que esto ocurra, sobre todo en aquellos países cuya población padece niveles subalimentarios.

La cal es un elemento esencial en nuestro organismo, y cuando el déficit de ella en el tejido óseo del niño desciende a límites críticos, no es raro que éste, estimulado por un apetito instintivo, lama con avidez la cal de las paredes.

¿POR QUÉ SE ACUDE A LOS BALNEARIOS?

Ciertas aguas y también algunos lodos contienen propiedades de alto valor curativo. Son las llamadas aguas medicinales —termales, radiactivas, etc.—, que fluyen de las capas profundas de la tierra. En estos lugares se han instalado balnearios, a los que de manera periódica suelen acudir aquellas personas aquejadas de determinadas dolencias (artritis, hígado, sistema nervioso, etc.).

13 de abril

¿POR QUÉ PERCIBIMOS LOS COLORES?

El color no es otra cosa que la impresión que produce en nuestra retina la luz reflejada por un cuerpo, conforme a determinada longitud de onda. En rigor, pues, no es correcto atribuir a cada color un cromatismo invariable en sí mismo. Así, por ejemplo, la nieve, por la noche, nos parece azulada.

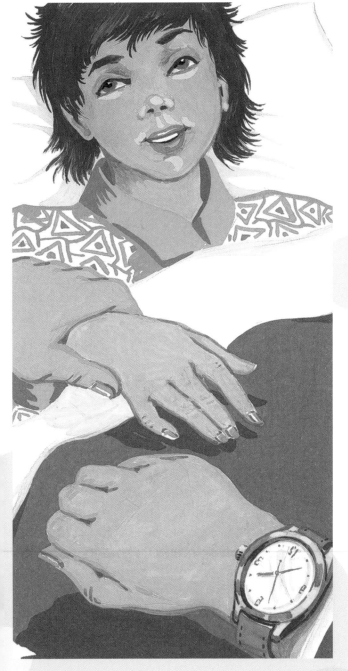

14 de abril

¿POR QUÉ MIRA EL MÉDICO SU RELOJ CUANDO NOS TOMA EL PULSO?

El sistema dinámico por el que la sangre realiza su ciclo cerrado y se difunde por el organismo se manifiesta en el corazón con una frecuencia aproximada de bombeo de setenta golpes por minuto.

El médico, al tomar nuestra muñeca, comprueba si el ritmo de pulsación es normal. Si no lo es, obtiene al punto la evidencia de que tenemos fiebre.

¿POR QUÉ INCLINAMOS EL CUERPO AL ENTRAR EN LAS CURVAS?

Cuando, sea cualquiera el vehículo en que viajamos, éste toma una curva, nuestro cuerpo tiende a desplazarse hacia el exterior. Es el efecto de la fuerza centrífuga.

De ahí que el firme de los tramos curvos de las carreteras adopten ese desnivel característico (peralte): para atenuar el efecto de la fuerza centrífuga sobre nuestro cuerpo.

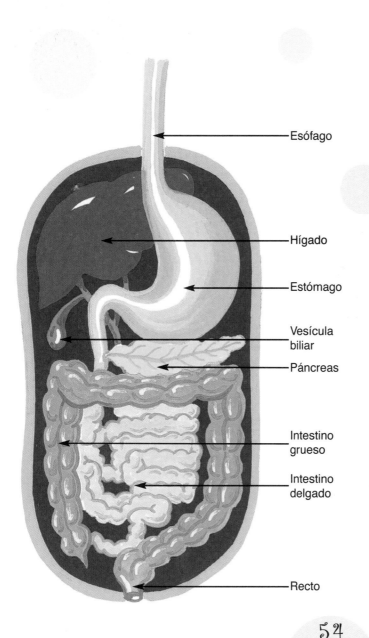

— Esófago

— Hígado

— Estómago

— Vesícula biliar

— Páncreas

— Intestino grueso

— Intestino delgado

— Recto

¿POR QUÉ EN EL ORGANISMO DE ALGUNAS PERSONAS SE PRODUCEN PIEDRAS?

Las piedras, o cálculos, son el resultado de la mezcla, por acumulación, de elementos minerales con sustancias orgánicas de origen diverso, a causa de deficiencias funcionales en el órgano afectado (hígado o riñón).

Su expulsión comporta agudas molestias y grandes dolores, ya que son de extraordinaria dureza.

17 de abril

¿POR QUÉ LOS «FAQUIRES» NO SE QUEMAN AL ANDAR SOBRE BRASAS?

Tales facultades, cuando son auténticas, conciernen al orden fisiológico, como es, entre otras, su conocida resistencia a la acción quemante del fuego en la planta de los pies. Ello es consecuencia de una práctica ascética, que, por vía paranormal —tomada del yoga oriental—, culmina en la supresión, a voluntad, de todas las facultades perceptivas.

18 de abril

¿POR QUÉ EL MÉDICO GOLPEA A VECES LA RODILLA DEL PACIENTE?

Lo hace para poder comprobar el funcionamiento de ciertas partes del sistema nervioso.

La acción del martillo sobre la rótula de la rodilla normalmente provoca el enderezamiento brusco de la pierna, por contracción súbita del músculo anterior del muslo. Pero si existen lesiones en la médula espinal o en los nervios de la extremidad golpeada, esta última no reacciona.

19 de abril

¿POR QUÉ CIERTAS PERSONAS NO IDENTIFICAN BIEN LOS COLORES?

Obedece a una capacidad insuperable del aparato de la visión, denominada «daltonismo». La forma más común de esta enfermedad consiste en percibir como gris de distinta intensidad los colores rojo, verde y amarillo. Las personas aquejadas de esta enfermedad incapaces, naturalmente, de diferenciar la luz de los semáforos, no pueden obtener el permiso de conducción.

20 de abril

¿POR QUÉ LA ASPIRINA NOS QUITA EL DOLOR?

Este calmante, como todos en los que forma parte de su composición el ácido acetilsalicílico, actúa por vía narcotizante y se localiza en los centros cerebrales, donde los estímulos dolorosos se nos hacen patentes. Por ello, su acción es puramente sedante y transitoria.

21 de abril

¿POR QUÉ NOS «ESTALLAN» LOS OÍDOS?

Cuando, tras subir una montaña en automóvil, descendemos rápidamente al valle, es frecuente sentir que los oídos nos «estallan», por lo común con aguda sensación de dolor. Ello es debido al aumento brusco de la presión. Otro tanto ocurre normalmente al tomar tierra en aquellos aviones cuya presión interior no se halla acondicionada.

22 de abril

¿POR QUÉ SE EXTRAVÍAN, AL MIRAR, LOS OJOS DE ALGUNAS PERSONAS?

Este fenómeno se llama «estrabismo». De los dos casos típicos de estrabismo —el «verdadero» y el «paralítico»—, este último es el más delicado, puesto que las personas que lo padecen pierden el sentido de la apreciación del relieve y de las distancias. Lo que, naturalmente, para el ejercicio de determinadas actividades, como la conducción de vehículos, entraña gravísimo riesgo.

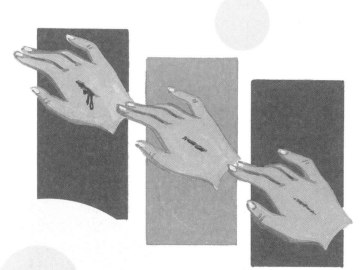

23 de abril

¿POR QUÉ CICATRIZAN LAS HERIDAS?

Cuando nos hacemos una herida, el organismo reacciona generando fibras nuevas, así como cubiertas protectoras de los vasos sanguíneos. Por encima de este tejido de granulación aparecen en seguida otras células, cuya misión es la de reconstituir el tejido normal. Luego las fibras nuevas tienden a retraerse, en tanto que las cubiertas protectoras son eliminadas.

24 de abril

¿POR QUÉ TARTAMUDEAN ALGUNAS PERSONAS?

La tartamudez, en sus diferentes grados, alcanza a más del uno por ciento de toda la población humana. Tiene origen constitucional y no es sino una reacción nerviosa de tipo espasmódico que afecta a la función coordinadora de las palabras. La ciencia médica actual dispone de técnicas adecuadas para corregir esta deficiencia mediante expertos logopedas.

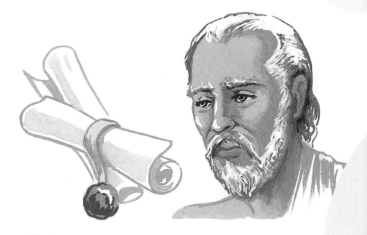

25 de abril

¿POR QUÉ SE ORIGINA LA CARIES DENTAL?

Esta dolencia, tan común, viene determinada por dos factores: uno de origen constitucional (debilidad, carencias vitamínicas, descalcificación, etc.) y otro externo (acción corrosiva de los azúcares y desgaste mecánico). El efecto combinado de estos dos factores provoca, primero, la erosión del esmalte protector del diente; después, de la dentina o marfil y, por último, de la cavidad central, donde se inserta el nervio y se desencadena el dolor.

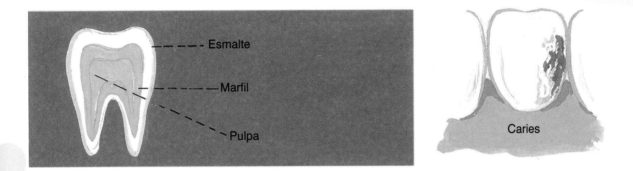

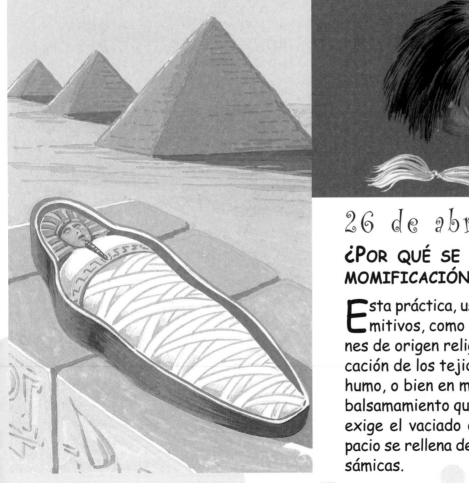

26 de abril

¿POR QUÉ SE PRODUCE LA MOMIFICACIÓN DE LOS CUERPOS?

Esta práctica, usual entre los pueblos primitivos, como el egipcio, por motivaciones de origen religioso, se basa en la desecación de los tejidos mediante el calor y el humo, o bien en métodos modernos de embalsamamiento químico. En uno u otro caso, exige el vaciado de las vísceras, cuyo espacio se rellena después con sustancias balsámicas.

¿POR QUÉ ALGUNAS MUJERES TIENEN VELLO EN EL ROSTRO?

El signo externo más característico de la virilidad es, sin duda, la barba, que aparece en nuestro rostro una vez sobrepasada la pubertad. La barba, como la voz y los demás caracteres sexuales secundarios, está controlada por el sistema glandular, distinto para el hombre y la mujer. No obstante, cuando, por alteraciones funcionales, el comportamiento glandular de la mujer se modifica, aparece barba en su rostro.

28 de abril

¿POR QUÉ NO SERÍA TAN RESISTENTE NUESTRO CUERPO SI FUERA DE ACERO?

El acero es un metal durísimo, pero inerte. De tal manera que si el cuerpo humano estuviese constituido por ese metal, a lo largo de un periodo dinámico de 65 años cedería irreparablemente en muchas de sus partes. Nuestro cuerpo, en cambio, pese a su aparente endeblez, resiste eso y más. ¿Por qué? Porque el proceso de reproducción celular ininterrumpido —característico de todos los seres vivientes— actúa como renovador permanente de los tejidos.

¿POR QUÉ EN EL MAR MUERTO SE FLOTA SIN NECESIDAD DE NADAR?

Mientras el agua del mar, por su contenido salino, es gruesa, la de las piscinas —dulce— es ligera. Pero este contraste, con respecto al mar Muerto adquiere una relevancia insólita. Las aguas de este mar palestino, como consecuencia de los copiosos aportes de sal que la intensísima evaporación provoca allí, alcanzan el orden de los 275 gramos de sal por litro.

30 de abril

¿POR QUÉ EL PELO NO ES DEL MISMO COLOR EN TODAS LAS PERSONAS?

El color del pelo viene dado por los gránulos de pigmento que se alojan en las células del estrato cortical de cada pelo. Por eso ofrecen diferentes coloraciones, de acuerdo con la raza del individuo, y van desde el rubio claro hasta el negro intenso. El pelirrojo se da también con alguna frecuencia, y asimismo el albino, que debe su aspecto a la carencia de pigmento.

1 de mayo

¿POR QUÉ LA MAYORÍA DE LAS PLANTAS SON DE COLOR VERDE?

El color verde que presentan casi todas las plantas se debe a la presencia en sus células de un pigmento llamado «clorofila». Este color es más intenso en las hojas, donde se realiza un fenómeno imprescindible para la vida en la Tierra: la fotosíntesis. La energía luminosa del sol es captada y transformada por la clorofila en energía química.

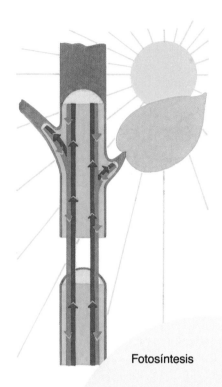

Fotosíntesis

2 de mayo

¿POR QUÉ REGAMOS LAS PLANTAS CON AGUA?

Los productos que la planta utiliza para realizar la fotosíntesis son: el anhídrido carbónico del aire, la energía química, y el agua del suelo y las sales minerales en ella disueltas, que son absorbidas a través de las raíces. La planta necesita agua porque es indispensable para la fotosíntesis y porque es el único elemento en el que pueden disolverse las diferentes sales minerales presentes en el suelo.

3 de mayo

¿POR QUÉ SE ABONAN CON ESTIÉRCOL LAS HUERTAS Y CULTIVOS?

En terrenos donde se cultiva intensamente, las reservas alimenticias del suelo no tardan en agotarse. Para compensar estas pérdidas nutricias del suelo, el hombre añade al terreno unas sustancias denominadas abonos o fertilizantes. Los fertilizantes se clasifican en dos tipos: fertilizantes minerales y fertilizantes orgánicos o de origen animal, constituídos por el estiércol o excrementos animales, que no son más que restos alimenticios en estado de descomposición.

1 Caucho
2 Ébano
3 Caoba
4 Cocotero
5 Plátano
6 Cacao

4 de mayo

¿POR QUÉ ALGUNOS ÁRBOLES CRECEN TAN ALTO?

Las plantas tienen que estar expuestas directamente en su superficie a la acción de los rayos solares. En el caso de bosques o selvas, los mismos árboles producen zonas de sombra, y para obtener la luz necesaria crecen verticalmente y a gran velocidad, situando siempre sus ramas y hojas en la parte más alta. La causa de que los árboles más altos del mundo se encuentren en selvas tropicales es también la gran abundancia de luz y agua.

5 de mayo

¿POR QUÉ ALGUNOS ÁRBOLES PIERDEN LAS HOJAS Y OTROS NO?

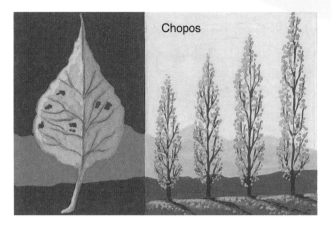

Chopos

Existen ciertos árboles, llamados «de hoja perenne», que presentan durante todo el año el mismo aspecto verde. Sin embargo, éstos también pierden sus hojas, que son reemplazadas por otras nuevas, por lo que nos parece que siempre son las mismas en el transcurso de los años. Entre los árboles de hoja perenne, destacan los pinos, cuyas hojas son afiladas y duras y resisten mucho tiempo antes de morir.

6 de mayo

¿POR QUÉ EN OTOÑO LAS HOJAS DE LOS ÁRBOLES CAMBIAN DE COLOR?

Gracias a la clorofila las plantas presentan un color verde tanto más intenso cuanto mayor sea la cantidad de esta sustancia en sus células. Al llegar el otoño, la clorofila presente en las hojas sufre una serie de transformaciones químicas y desaparece, haciéndose visibles entonces otros pigmentos de color amarillo y naranja, conocidos con el nombre de carotenos. De este modo las hojas van pasando del verde intenso, a través de una gama de tonos distintos, hasta el amarillo claro.

Nogal en otoño

7 de mayo

¿POR QUÉ EN UN TRONCO CORTADO SE OBSERVAN CÍRCULOS CONCÉNTRICOS?

Los círculos concéntricos que observamos al cortar el tronco de un árbol se corresponden con las fases de crecimiento. Los círculos más oscuros son debidos a las células más viejas. Las bandas claras se corresponden con las células más jóvenes en periodo de crecimiento. El número de años de vida de un árbol es igual al número de círculos oscuros que tiene.

8 de mayo

¿POR QUÉ SE REALIZAN INJERTOS EN LOS ÁRBOLES?

Existen ciertas variedades de árboles cultivados que producen gran cantidad de fruta de excelente calidad, pero que no poseen el vigor de los árboles silvestres. Por ello se practica un injerto, que no es sino el transplante de una rama de árbol frutal al tronco de un árbol silvestre en el que se ha practicado una hendidura. Mediante los injertos se trata de fusionar las mejores cualidades de distintos vegetales.

9 de mayo

¿POR QUÉ SE PODAN LAS RAMAS DE LOS ÁRBOLES?

Los árboles frutales se suelen podar todos los años. La poda consiste en cortar las ramas más sobresalientes. Parece ser que esta operación estimula al árbol a crecer con más fuerza y vigor, ya que al impedirle el crecimiento en altura aprovecha la savia con mayor rendimiento en la formación de frutos. En otras ocasiones se podan árboles no frutales, pero para conseguir darles una forma decorativa como adorno de jardines y parques.

10 de mayo

¿POR QUÉ ESTÁN INCLINADOS LOS ÁRBOLES PRÓXIMOS AL MAR?

Las costas están sometidas por lo general a fuertes vientos desde el mar hacia la tierra. Los árboles que crecen en las proximidades de las costas se ven sometidos desde su nacimiento a la acción de estos vientos en dirección al interior, y por ello al llegar a la edad adulta presentan una acusada inclinación.

11 de mayo

¿POR QUÉ ALGUNAS FLORES CRECEN EN LOS ÁRBOLES?

Al llegar la primavera los árboles echan las flores que les son propias. A veces estas flores son tan pequeñas o poseen un color tan parecido al de las hojas que pueden pasar totalmente desapercibidas. Otros árboles, por el contrario, las tienen tan vistosas que proporcionan a la copa un aspecto de gran belleza. Pensad, por ejemplo, en el almendro.

Cerezo

¿POR QUÉ SE UTILIZAN LOS TIESTOS Y POR QUÉ SE LES ABRE UN AGUJERO EN LA BASE?

En las casas que carecen de jardín la única manera de tener plantas es cultivarlas en macetas o tiestos donde pueda haber la tierra necesaria para su vida. Todos los tiestos van agujereados en la parte inferior para evitar que el almacenamiento del agua de riego impida el desplazamiento del aire, lo que ocasionaría la muerte de la planta por asfixia.

13 de mayo

¿POR QUÉ LAS HOJAS TIENEN NERVIOS?

Las nerviaciones son las extremidades de los vasos conductores de las plantas. Estos vasos, llamados «liberianos» y «leñosos», al llegar a los bordes de las hojas se ramifican y estrechan hasta tal punto que permiten la absorción de sustancias nutritivas para la vida del vegetal. El líquido que circula por su interior se denomina savia.

Envés

Haz

Savia elaborada

Savia bruta

14 de mayo

¿POR QUÉ ALGUNAS FLORES SE CIERRAN DURANTE LA NOCHE?

La delicada estructura de ciertas flores es muy sensible a los cambios ambientales. Por ello, a veces no pueden soportar las bajas temperaturas producidas por la puesta de sol y se cierran cuando cae la noche. No se sabe a ciencia cierta si el mecanismo de cierre se produce por efecto de la ausencia de luz, por disminución de la temperatura o por un efecto combinado de ambos factores.

15 de mayo

¿POR QUÉ SE MARCHITAN LAS FLORES?

Como todo ser vivo, la flor degenera con el paso del tiempo. La función de la flor se limita a hacer posible la fecundación. Cuando ésta ocurre, los pétalos, sépalos y estambres degeneran y caen, quedando sólo el fruto en desarrollo. Como es natural, las flores arrancadas de su tallo se marchitan prematuramente por falta de circulación de savia.

16 de mayo

¿POR QUÉ ALGUNAS FLORES TIENEN PERFUME Y OTRAS NO?

Las flores atraen a los insectos, en cuyas patas se ha adherido el polen de otras flores. Así se explican los colores vivos de muchas flores y la secreción de determinadas sustancias perfumadas, cuyo olor es atractivo para los insectos, pero no necesariamente para el hombre. El aroma de algunas de esas sustancias nos resulta grato; el de otras, no.

17 de mayo

¿POR QUÉ SE EMBOTELLAN LOS PERFUMES DE LAS FLORES?

18 de mayo

¿POR QUÉ NO SON DE UN MISMO COLOR TODAS LAS FLORES?

Las flores deben su color a la existencia, en las células de los pétalos, de unos pequeños órganos llamados «cromoplastos». Estos cromoplastos tienen la propiedad de segregar diferentes tipos de pigmentos, correspondientes a las distintas variedades cromáticas de las flores. A veces ocurre que en una misma flor se presentan diferentes pigmentos, dando lugar a pétalos que poseen varios colores.

Los perfumes tienen la propiedad de disolverse en los líquidos grasos. De este modo, para extraerlo, las flores son sumergidas en una grasa que, una vez impregnada de perfume, será sometida a destilación. El aroma de las flores es muy apreciado y se utiliza como ingrediente indispensable en todo tipo de cosméticos (colonias, jabones, cremas, etc.)

19 de mayo

¿POR QUÉ SE LLAMA «VERDE» A LA FRUTA QUE NO ESTÁ MADURA?

Generalmente todas las partes de un vegetal presentan la misma tonalidad verde. Este color se debe a la presencia en las células vegetales de los cloroplastos que segregan el pigmento denominado clorofila. En periodo de formación poseen aún cloroplastos, pero en estadios más avanzados los transforman en cromoplastos, originando así los frutos maduros de diferentes colores. Es por ello por lo que se dice que una fruta que aún no ha madurado está verde.

20 de mayo

¿POR QUÉ A LAS UVAS VERDES SE LES LLAMA «BLANCAS»?

Las uvas de color verde pálido amarillento darán lugar al vino blanco; las de color rojo oscuro se utilizarán en la fabricación del vino tinto. Al ser tan evidente el contraste de colorido que hay entre los dos tipos de uva, se ha simplificado su denominación, calificando a una de blanca y a otra de negra, palabras que expresan de modo inconfundible ese contraste.

21 de mayo

¿POR QUÉ LAS UVAS NEGRAS A VECES TIENEN MANCHAS VERDOSAS?

El color verde se debe a la presencia de insecticida en la superficie del fruto. Las uvas, como todos los frutos carnosos, son una rica fuente de alimento para toda clase de pequeños insectos, que las atacan con facilidad si no se las protege. Por ello se utiliza el sulfato de cobre, que da un característico color verdoso al insecticida. El sulfato de cobre es también tóxico para las personas, por lo que se deben lavar las uvas antes de comerlas.

22 de mayo

¿POR QUÉ LOS NIÑOS BEBEN ZUMOS, Y SIN EMBARGO, NO PUEDEN TOMAR VINO?

El zumo de todos los frutos es una estupenda fuente de principios alimenticios, principalmente de azúcares y de vitaminas. Por ello es conveniente que los niños tomen zumos. Sin embargo, en la fabricación del vino el zumo de uva sufre una fermentación que hace transformarse a los azúcares en alcoholes. El alcohol, que en muy pequeñas dosis es benigno, en mayor cantidad causa graves daños al organismo, sobre todo en el caso de los niños.

23 de mayo

¿POR QUÉ EXISTEN ACEITUNAS VERDES Y NEGRAS?

Las aceitunas, fruto del olivo, se reco-lectan antes de que oscurezcan por efecto de la maduración, y su color natural es el verde. La variedad de aceituna de color negro que conocemos no es más que un producto que se obtiene artificialmente al introducir las aceitunas verdes en salmuera caliente y a continuación en aceite de oliva frío.

24 de mayo

¿POR QUÉ SE OBTIENE EL ACEITE DE LAS ACEITUNAS?

Desde los tiempos antiguos el hombre vio que, al cocer las carnes y otros alimentos con el jugo de la aceituna, éstos se hacían más sabrosos y digestivos, al mismo tiempo que enriquecía su alimentación por efecto de sus grasas y vitaminas. La aceituna posee, almacenadas en sus células, grandes cantidades de aceite que el hombre aprovecha para su uso.

25 de mayo

¿POR QUÉ ARDE EL JUGO QUE SALE DE LA CORTEZA DE LA NARANJA?

La corteza de la naranja es rica en compuestos químicos de naturaleza hidrocarbonada, pigmentos y esencias que son altamente combustibles. Por ello, al doblar la corteza de la naranja en las proximidades de una llama, estos ingredientes son expulsados y arden produciendo una llama que tiene color azulado.

26 de mayo

¿POR QUÉ ARDE LA MADERA DE LOS ÁRBOLES?

Los árboles, como el resto de los seres vivos, poseen en su constitución dos elementos esenciales: el carbono y el hidrógeno. Ambos elementos son fácilmente combustibles en presencia de oxígeno, liberando gran cantidad de energía en forma de calor y desprendiendo al arder anhídrido carbónico y agua. Esta propiedad ha sido utilizada por el hombre para proporcionarse luz y calor.

27 de mayo

¿POR QUÉ EL CARBÓN VEGETAL NO SE OBTIENE EN LAS MINAS?

El carbón vegetal no se obtiene en las minas porque es un producto artificial, creado por el hombre, y resultante de la combustión incompleta de la madera. El método de obtención consiste en apilar ramas de regular tamaño y, tras cubrirlas con una bóveda de tierra, prenderles fuego.

28 de mayo

¿POR QUÉ LAS PATATAS TIENEN «VERRUGAS»?

La superficie de una patata no es completamente lisa, sino que presenta cantidad de puntitos y abultamientos que se denominan vulgarmente «verrugas». Estas verrugas son las yemas que darán origen a los nuevos tallos y hojas de la futura planta. La verruga se desarrolla a partir de las reservas nutritivas de la patata hasta que es capaz de producir hojas.

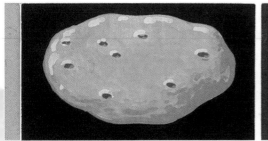

73

29 de mayo

¿POR QUÉ ALGUNAS PLANTAS TREPAN POR LOS MUROS?

Este tipo de plantas, llamadas normalmente «trepadoras», van provistas de formaciones muy pequeñas (ventosas, zarcillos, ganchos, etc.), que les permiten crecer sobre la superficie que presente la más mínima rugosidad. Tal circunstancia ha sido aprovechada por el hombre para recubrir los muros de sus viviendas, lo que les proporciona mayor vistosidad y belleza.

30 de mayo

¿POR QUÉ NOS LLORAN LOS OJOS CUANDO PELAMOS CEBOLLAS?

Las hojas carnosas que forman el bulbo de las cebollas poseen en sus células sustancias muy irritantes y que quedan en libertad cuando las pelamos. Debido a su carácter volátil, estas sustancias alcanzan pronto nuestros ojos provocándonos un abundante lagrimeo. La secreción de las lágrimas es una defensa de nuestro organismo para proteger nuestro sentido de la vista.

31 de mayo

¿POR QUÉ NOS PICAN LAS ORTIGAS?

Las ortigas poseen en la superficie de sus hojas unas diminutas vellosidades que no son sino vesículas cargadas de líquido tóxico; el menor roce con cualquier objeto provoca la liberación del tóxico, que consta principalmente de ácido fórmico. Cuando un animal rompe las vellosidades por un simple contacto con la superficie de la hoja, el líquido se inyecta en su piel, provocando una dolorosa picazón que desaparece al cabo de poco tiempo.

1 de junio

¿POR QUÉ SE LLAMA «CEREALES» A LAS PLANTAS GRAMÍNEAS?

La denominación procede de la diosa romana Ceres, protectora de la agricultura. Ceres, cuya cabeza se representaba adornada con una corona de espigas, poseía en Roma templo y sacerdote propios, y una fiesta particular, Cerealia, durante la cual se celebraban brillantes juegos circenses y se repartía pan entre los pobres.

2 de junio

¿POR QUÉ UNAS PLANTAS SON AROMÁTICAS Y OTRAS FÉTIDAS?

Por lo común las flores exhalan un perfume agradable. Ello se debe a los aceites esenciales y éteres compuestos contenidos en las pequeñas glándulas de sus pétalos. Pero existen otras plantas, originarias en su mayoría de América Central, cuyo olor es desagradable y hasta fétido. Son las denominadas plantas hediondas, por lo demás muy útiles, en general, para aplicaciones medicinales.

3 de junio

¿POR QUÉ DESCUBRIÓ FLEMING LA PENICILINA?

De modo casual. Al comprobar que las bacterias con las cuales experimentaba eran destruidas por un hongo muy común, el científico británico descubrió, sin proponérselo, el poder bactericida de ese moho —*Penicillium notatum*—, al que iba a deber la celebridad. La penicilina había nacido, y con ella el remedio universal contra numerosas enfermedades microbianas de extraordinaria virulencia.

4 de junio

¿POR QUÉ SE LLAMA «CARNÍVORAS» A CIERTAS PLANTAS?

Sabido es que el mecanismo de nutrición de los vegetales reside en la raíz, y en las partes verdes. Pero existe cierto género de plantas, que poseen un tercer órgano de nutrición. Se aloja en sus flores y está constituido por un limbo peludo. Los pelos de este limbo segregan un líquido viscoso, y cuando el insecto entra en contacto con la flor, el limbo se ahueca y los pelillos se cierran sobre el cuerpo del intruso, que es «ahogado» y luego «digerido» en beneficio de la planta.

5 de junio

¿POR QUÉ SE ADORNAN CON CIPRESES LOS CEMENTERIOS?

Este árbol severo, afilado, se cree originario de Cipriso (en la isla de Chipre), donde fue consagrado a Plutón, dios de los umbrales del Infierno. De ahí que en su honor se plantasen profusamente en los cementerios, como símbolo del dolor.

Más tarde, los cristianos, al ver adornados con ellos las tumbas de muchos mártires suyos, lo adoptaron también, pero con un sentido de esperanza.

6 de junio

¿POR QUÉ SE INSTALAN LOS INVERNADEROS?

Su objeto no es otro que el de crear y mantener artificialmente las condiciones térmicas y ambientales necesarias para que las plantas, según su tipo, puedan desarrollarse a voluntad, de tal manera que países como Islandia, situados por encima del círculo polar, obtienen hoy, por este medio, frutos tropicales de excelente calidad.

7 de junio

¿POR QUÉ NOS DESVELA EL CAFÉ?

El principio activo del café es la cafeína, alcaloide de acción excitante sobre el sistema nervioso central y sobre el tejido muscular. De ahí que las infusiones de esta semilla estimulen la actividad intelectual, mitiguen la fatiga, pero paralelamente contribuyan también a producir el insomnio. Su toxicidad, sin embargo, es escasa y, tomado con moderación, resulta aconsejable.

¿POR QUÉ DEBEN CORTARSE LAS FLORES AL OSCURECER?

La savia es a las plantas lo que la sangre a las personas: el elemento vital por excelencia. Circula merced a un sistema vascular bastante similar al nuestro, pero en cambio está sujeta a un proceso de transpiración mucho mas copioso, determinado por la luz y la temperatura diurnas, que activan la apertura de los estomas o poros vegetales. Por eso los floricultores cortan las flores a la caída del sol, con lo que se consigue que la lozanía de los pétalos se alargue unas diez horas.

9 de junio

¿POR QUÉ ESTÁ REGULADO EL EMPLEO DE LOS INSECTICIDAS?

A partir de 1945, con el descubrimiento del «DDT», se obtuvieron resultados espectaculares en la lucha contra las plagas. Con posterioridad, sin embargo, vino a averiguarse que una parte de los elementos tóxicos contenidos en tales insecticidas era absorbida por las plantas y transferida, a través de los frutos, al organismo humano. El hecho, por sus graves consecuencias, puso en guardia a las autoridades sanitarias.

10 de junio

¿POR QUÉ EL NOMBRE DE LINNEO SE ASOCIA SIEMPRE AL MUNDO DE LAS PLANTAS?

Es a partir del siglo XVIII, con el adveni-miento del naturalista sueco Carl von Lin-neo, cuando el estudio de las plantas ad-quiere dimensión verdaderamente científica. A él se debe la clasificación de las especies y su nomenclatura sistemática. Finalmente, sus trabajos de investigación sexual partiendo de los estambres consagrarían mundialmente el nombre de este botánico escandinavo.

11 de junio

¿POR QUÉ EN ALGUNOS PAÍSES SE CELEBRA «LA FIESTA DEL ÁRBOL»?

Para estimular el celo de los agriculto-res y despertar en los niños el amor por los árboles. Durante ella cada niño planta un árbol y los profesores imparten ense-ñanzas acerca de la importancia que para la sociedad tiene el cultivo, desarrollo y conservación del arbolado.

Oronja

Comestible

Amanita virosa

Venenosa

12 de junio

¿POR QUÉ GUSTAN LAS SETAS?

En rigor, la micofagia, o hábito de comer setas, no tiene explicación demasiado plausible. Las setas poseen apenas valor nu-tritivo y su aroma, para prestigiarse, pre-cisa de adecuado aderezo culinario. Tanto es así que algunos autores atribuyen a las setas carácter «misterioso», basándose en que ciertas especies —de efectos alucinó-genos— eran ya ingeridas en la Antigüedad como «alimento mágico».

13 de junio

¿POR QUÉ LA VEGETACIÓN DISMINUYE CON LA ALTITUD?

Si consideramos que las tierras bajas, por su mejor quimismo, porosidad y temperatura son las más aptas para el desarrollo vegetal, resulta explicable que el incremento de la altura determine el progresivo empobrecimiento de la flora. De ahí que la edafología, o ciencia del suelo, tenga establecidos los llamados «escalones de vegetación», en los cuales se expresa descriptivamente la flora propia de cada nivel.

14 de junio

¿POR QUÉ LA SENSITIVA SE CONTRAE AL TOCARLA?

Hasta hace poco, el comportamiento de esta planta, que al igual que todas las de su especie se contrae y marchita temporalmente al más leve contacto, era motivo permanente de asombro para el observador común y de excitante curiosidad para el naturalista. La ciencia moderna, sin embargo, ha venido a esclarecer el enigma. La sensitiva, y análogamente todas las especies vegetales, «siente» de verdad. En el laboratorio, hoy es posible registrarlo.

15 de junio

¿POR QUÉ SE COLOCAN RECIPIENTES EN EL TRONCO DE ALGUNOS ÁRBOLES?

Es frecuente advertir la presencia en los troncos de pequeños cuencos, colocados en el labio de una incisión practicada en la corteza. Su finalidad no es otra que la de recoger la resina segregada por los árboles, la cual, al contacto del aire, se oxida y solidifica en el interior del recipiente. De modo análogo proceden los cosechadores de látex en aquellos países donde abundan el árbol del caucho.

16 de junio

¿POR QUÉ SE INTRODUJO EL HÁBITO DE FUMAR TABACO?

Fueron los conquistadores españoles del siglo XVI quienes trajeron a Europa el gusto por la hoja fermentada de esta planta. Juan Nicot, embajador de Francia en Lisboa, la dio a conocer en su país y envió rapé (polvo de tabaco) a Catalina de Médicis, alabando sus virtudes curativas para los dolores de cabeza. Hacia finales del siglo XVII se generalizó su uso hasta convertirse en recurso de primer orden para algunos países.

17 de junio

¿POR QUÉ SON TAN FRONDOSAS LAS SELVAS TROPICALES?

La elevada temperatura que de modo permanente reina en las regiones ecuatoriales determina un índice máximo de evaporación y consiguientemente de régimen pluvioso. Ello favorece el desarrollo rápido de la vegetación, cuyos frutos y hojas se suceden, originando con su rápida descomposición aportes nutritivos para la tierra, que ve potenciada su fertilidad en beneficio de la exuberancia.

18 de junio

¿POR QUÉ SE REALIZA LA ROTACIÓN DE CULTIVOS?

Esta práctica agrícola, de larga tradición, se basa en la sucesión de varios cultivos de plantas en un mismo terreno durante determinado periodo de tiempo. El procedimiento es rotativo y su finalidad consiste en aprovechar ciertas sustancias nutritivas, como el nitrógeno, que algunas de esas plantas, agotado su ciclo, restituyen a la tierra.

19 de junio

¿POR QUÉ LA BANDERA DEL LÍBANO OSTENTA UN CEDRO?

Ya en la Biblia se menciona este árbol, de porte majestuoso. Se cree que el templo de Salomón, en Jerusalén, estaba, en buena parte, forrado con esta madera, siempre aromática y de suave color sonrosado. Los hebreos hicieron de él símbolo de la potencia y la grandeza. No es, pues, extraño que el moderno estado del Líbano, en cuyo suelo existen milenarios bosques de esta grandiosa conífera, la haya incorporado a su enseña nacional.

20 de junio

¿POR QUÉ DIJO CONFUCIO: «SÉ COMO EL SÁNDALO, QUE PERFUMA EL HACHA QUE LE HIERE»?

El pensamiento de este insigne filósofo chino, que vivió cinco siglos antes de nuestra Era, se distingue por su elevación humanística, por su finura espiritual y por el aliento de templanza que emana de toda su doctrina. La alusión al sándalo, independientemente de su exquisito valor moral y literario, incluye una realidad patente: el sándalo es un árbol de madera aromática, cuyo perfume se intensifica cuando se hiende su corteza.

21 de junio

¿POR QUÉ ES BUENO QUE EN LAS CIUDADES HAYA ÁRBOLES?

Las grandes urbes, a causa de su concentración humana, automovilística y a menudo fabril consumen extraordinarias cantidades de oxígeno, al tiempo que generan copiosos residuos de alta toxicidad. Tales efectos contaminantes, en buena parte se ven atenuados por la abundancia de árboles en calles y plazas, toda vez que el mecanismo de la fotosíntesis vegetal en las horas diurnas se convierte en regenerador de oxígeno y fuente de purificación.

22 de junio

¿POR QUÉ ALGUNOS JARDINES SON «BOTÁNICOS»?

En los jardines urbanos, sean públicos o privados, las plantas, árboles y flores aparecen con un propósito meramente ornamental, en tanto que en los «botánicos», las especies se disponen con un criterio selectivo y eminentemente científico. Por lo demás, los «jardines botánicos» ofrecen aún otras notas distintivas: la variedad exótica de las especies, la rotulación individualizada de cada ejemplar, la presencia de invernaderos (fríos y calientes) y, con frecuencia, de laboratorios de investigación, biblioteca, herbarios, etc.

23 de junio

¿POR QUÉ SE POSAN LOS INSECTOS EN LAS FLORES?

La polinización —fecundación de las flores— por intermedio de los insectos es consecuencia de una notable adaptación de la planta. Los insectos son atraídos por la flor porque la forma y colores de ésta remedan en grado sorprendente muchas veces su propia forma. Hasta tal punto que cierto género de orquídeas imitan con tanta perfección el olor de las hembras de los insectos encargados de polinizarlas, que los machos, engañados, pugnan por aparearse con ellas.

24 de junio

¿POR QUÉ NO FLOTAN EN EL AGUA CIERTAS MADERAS?

Si alguna vez habéis arrojado al agua un trozo de madera de ébano, habréis observado, quizá con sorpresa, que ese trozo se hundía. Ello es debido a que el ébano, al igual que otras maderas tropicales, posee una densidad superior a la de las maderas comunes en nuestro país, y superior a la del agua, por cuyo motivo se hunde.

25 de junio

¿POR QUÉ LAS PLANTAS TIENEN UN SIGNIFICADO?

Es una tradición ésta de orígenes remotos y mantenida hasta nuestros días. Conforme a ella, el ciprés simboliza la tribulación; el laurel, la victoria; el olivo, la paz... De modo análogo, algunas flores han venido a asumir carácter representativo para aquellos países donde su cultivo adquiere especial arraigo. Así, en el loto identificamos al Japón; en el tulipán, a Holanda; en el clavel, a España; en la rosa, a Francia.

26 de junio

¿POR QUÉ ESTÁ CONTROLADO EL CULTIVO DE DETERMINADAS PLANTAS?

Buen número de plantas, las llamadas «narcóticas», son portadoras de sustancias estupefacientes cuyo manejo y consumo indiscriminados origina gravísimas consecuencias de orden médico-social. Tal es, en definitiva, el problema de la droga, tan candente hoy en el mundo occidental. Por eso los poderes públicos ejercen un severo control sobre el cultivo de tales especies vegetales.

27 de junio

¿POR QUÉ A CIERTOS ÁRBOLES SE LES TRIBUTA PARTICULAR REVERENCIA?

Existen árboles en el mundo cargados de un significado histórico que les hace perdurables en el recuerdo de las gentes. Así, el llamado «árbol de las Hadas», en Francia, bajo el cual es fama que jugaba, de niña, Juana de Arco; así, el «árbol de la Noche Triste», en México, a cuyo arrimo lloró Cortés la derrota de Otumba; así, el «árbol de Guernica», símbolo de los Fueros Vizcaínos, etc.

28 de junio

¿POR QUÉ SE DICE «SER BUENA TIERRA PARA SEMBRAR NABOS»?

Este dicho, de frecuente uso familiar, comporta un sentido irónico, tendente a poner de manifiesto la inutilidad de una persona determinada. Análogamente, «sembrar en mala tierra» no suele aplicarse en sentido estricto, sino para denotar que es empeño vano prestar servicios a ciertas personas, puesto que éstas, por su condición, no sabrán apreciarlos ni hacerse dignas de ellos.

29 de junio

¿POR QUÉ ES IMPORTANTE LA REPOBLACIÓN FORESTAL?

Son varias las causas que favorecen el deterioro del patrimonio forestal: la tala excesiva, los incendios, las invasiones parasitarias, la erosión de la tierra, etc.

En razón de ello se hace precisa la acción del poder público para contrarrestar esos dañosos efectos y mantener aquellas áreas en que prevalezcan las especies forestales, fuente no sólo de riqueza, sino factor del equilibrio ecológico y del régimen pluvial.

30 de junio

¿POR QUÉ EL GIRASOL RECIBE ESTE NOMBRE?

Desde hace algunos años, se ha hecho familiar a nuestros ojos la silueta de esta flor, originaria de América central. La extensión de su cultivo viene determinada por el aprovechamiento de las semillas para la extracción de aceite. En virtud de su condición heliotrópica (avidez por el sol), las cabezas de esta flor giran sobre sí para seguir el curso del astro rey y tomar de éste la mayor cantidad de luz. De ahí su nombre.

1 de julio

¿POR QUÉ LOS ANIMALES NO HABLAN COMO LAS PERSONAS?

Aunque los sistemas de comunicación son muy variados en el mundo animal (graznidos en los cuervos, «danzas» en las abejas, etc.), y es seguro que todas las especies poseen procedimientos para transmitir información de unos individuos a otros, el lenguaje humano —que es simbólico y mucho más complejo que los demás lenguajes animales— permite transmitir informaciones numerosísimas y muy diversas y requiere, naturalmente, un desarrollo superior de la inteligencia.

2 de julio

¿POR QUÉ LOS ANIMALES PARECEN SABER NADAR APENAS HAN NACIDO?

Los animales están perfectamente dotados para nadar. En el caso de las especies inferiores, su mismo instinto les impulsa a coordinar los movimientos de modo que puedan flotar. Sin embargo, en la especie humana, en la que el comportamiento instintivo ha sido desplazado por el comportamiento «aprendido», predomina el miedo a morir ahogado (que es «cultural» y no instintivo).

3 de julio

¿POR QUÉ HAY ANIMALES QUE MATAN A OTROS?

Ningún animal mata por placer ni por crueldad. Si sacrifica a otros animales es únicamente por la necesidad de sobrevivir o por defenderse. Cuando un carnívoro mata a un herbívoro lo hace sólo para poder alimentarse, ya que su organismo no está adaptado a comer vegetales, y se establece un ciclo natural que permite la supervivencia de las distintas especies.

4 de julio

¿POR QUÉ LOS ANIMALES NO SE ABRIGAN COMO NOSOTROS?

La estructura corporal de todos los animales se ha configurado por la adaptación al ambiente en que viven. La capa de grasa de las ballenas y la piel del oso polar, por ejemplo, les permiten soportar las bajísimas temperaturas de su medio natural. Existen también animales de sangre fría que se adaptan perfectamente a los cambios de temperatura de su medio. Hay, pues, dos formas básicas de adaptación: transformación del organismo conforme a las imposiciones de la naturaleza (animales) y transformación de la naturaleza según las necesidades del organismo (hombre).

5 de julio

¿POR QUÉ HAY ANIMALES QUE DUERMEN TODO EL INVIERNO?

Los animales de sangre fría necesitan del calor exterior para realizar sus funciones vitales. En invierno, al bajar las temperaturas, se sumen en una especie de letargo en el que sus actividades fisiológicas se restringen en gran medida. Este es el caso de los reptiles. Algunos animales de sangre caliente, como el oso, también se someten al letargo invernal, debido a la escasez de alimentos en la estación fría.

6 de julio

¿POR QUÉ NOS HACEMOS BOLSOS Y ABRIGOS CON LA PIEL DE LOS ANIMALES?

Para protegerse de los rigores del frío, los hombres de la Antigüedad, que desconocían el telar, utilizaban la piel de los animales que cazaban. Las técnicas de fabricación de tejidos se han ido perfeccionando hasta el presente, en que la mayor parte de las telas están hechas de fibras sintéticas. No obstante, la piel de los animales se utiliza aún por su belleza, y al constituir un material lujoso, su precio es alto y su estima muy grande.

7 de julio

¿POR QUÉ SE CAZA A LOS ANIMALES?

El hombre siempre ha necesitado de los animales para su supervivencia. En la Antigüedad, antes de saber domesticarlos, los cazaba y aprovechaba su carne, su piel y sus huesos. Con la técnica de la domesticación y la explotación de otros recursos naturales la caza dejó en parte de constituir una necesidad económica para convertirse también en diversión o entrenamiento para la guerra. En todas sus variedades (mayor y menor; de tiro, de batida, etc.), hoy es considerado un deporte.

8 de julio

¿POR QUÉ EXISTE EL TIEMPO DE VEDA PARA LA CAZA?

El progreso tecnológico ha hecho posible que las armas de caza sean cada vez más rápidas y certeras. Desde el punto de vista deportivo, esto implica que la competencia entre cazador y presa se vuelva desigual, en favor del primero. Pero desde el punto de vista ecológico las consecuencias son temibles: algunas especies se han extinguido y otras amenazan con extinguirse. Por eso, los gobiernos prohíben la caza en la época de reproducción de las especies.

9 de julio

¿POR QUÉ COMEMOS ANIMALES?

Hay dos razones para que se mantengan las dietas de carne: el aprecio gastronómico que de ellas se tiene en la mayoría de las sociedades y su riqueza en proteínas. Como se sabe, las proteínas son principios inmediatos indispensables para la alimentación y muy pocos vegetales las contienen en cantidad suficiente.

10 de julio

¿POR QUÉ SE CONSIDERA AL PERRO EL MEJOR AMIGO DEL HOMBRE?

Esta opinión, universalmente extendida, tiene un fundamento indiscutible: el perro es doméstico desde la más remota Antigüedad (ya era compañero del hombre en la Edad del Bronce) y siempre ha sido una excelente ayuda en las más diversas tareas: caza, pastoreo, vigilancia, tiro, etc. Sus cualidades como animal de compañía le hacen también insustituible. Son proverbiales su inteligencia, su nobleza, su sociabilidad y, sobre todo, una lealtad que, si ha sido bien educado, le liga a su dueño por encima de su propia vida.

11 de julio

¿POR QUÉ LOS PERROS PARECEN ESTAR SIEMPRE FATIGADOS Y SACAN LA LENGUA?

Todos los seres vivos necesitan mantener un intercambio de calor con el exterior para que sus funciones metabólicas se realicen con normalidad. Este intercambio de calor se lleva a cabo de diferentes maneras, según las características de la especie. El perro apenas suda y ha de realizar el intercambio de calor a través de la lengua. De ahí la costumbre de los canes de ir con la lengua fuera, como si estuviesen muy fatigados.

12 de julio

¿POR QUÉ SE COLOCAN HERRADURAS A LOS CABALLOS?

Durante su proceso de evolución, el caballo ha sufrido la atrofia de cuatro de sus cinco primitivos dedos para acabar apoyándose en uno por cada extremidad. Esto le hace muy adecuado para la carrera, por ser mínima la superficie de contacto con el suelo. La uña del dedo único está muy desarrollada y se denomina casco. Aunque el casco es muy resistente, sufre con el tiempo un proceso de desgaste. El hombre lo ha protegido por medio de la herradura.

13 de julio

¿POR QUÉ LOS GATOS VEN DE NOCHE?

El ojo de todos los animales superiores posee una estructura que funciona como el diafragma de una máquina fotográfica. Cuando la luz es muy intensa, el iris se cierra para evitar el exceso de luminosidad. Por el contrario, cuando la luz es muy escasa el iris se abre al máximo. En los gatos y demás felinos el iris se abre mucho más que en otras especies animales, por lo que al entrar mayor cantidad de luz puede ver de noche.

14 de julio

¿POR QUÉ LAS VACAS NOS DAN SU LECHE?

Todos los animales mamíferos precisan de leche materna durante su primer periodo de vida. La leche es un alimento extraordinariamente rico en proteínas, vitaminas, etcétera. El hecho de que las vacas posean unas mamas muy desarrolladas, así como la mansedumbre de estos animales, han llevado al hombre a obtener de ellos la leche, que constituye uno de sus principales recursos alimenticios.

15 de julio

¿POR QUÉ LAS OVEJAS PARECEN ESTAR SIEMPRE MASTICANDO?

Todos los rumiantes (oveja, vaca, cabra, etc.) están dotados de un estómago dividido en cuatro compartimientos, denominados panza, redecilla, libro y cuajar. El animal pasta y traga la hierba casi entera, que va a depositarse a la panza, donde sufre una primera digestión. Luego el alimento sube de nuevo a la boca, donde es masticado, para pasar a continuación a los tres estómagos restantes. No es raro encontrar ovejas que, tumbadas en el suelo, mastican el alimento en la forma que hemos descrito. A este acto se le denomina rumiar.

16 de julio

¿POR QUÉ LOS CAMELLOS TIENEN DOS JOROBAS?

El camello es el animal más adecuado a las largas caminatas por el desierto, debido a su gran resistencia a la sed. Esta extraordinaria cualidad es posible gracias a sus jorobas, que no son más que depósitos de grasas. Cuando el animal se ve obligado a pasar un largo periodo de tiempo sin comer ni beber, utiliza la grasa de sus jorobas como fuente de alimento.

17 de julio

¿POR QUÉ VUELAN LOS PÁJAROS?

La facultad de elevarse en el aire la adquieren los pájaros mediante el fuerte y rápido batir de sus alas, que logran gracias al extraordinario desarrollo de sus músculos pectorales, apoyados en el esternón. Al mover las alas velozmente, el pájaro se ve impulsado hacia arriba, arrastrado por el aire que acude a llenar el vacío creado por el movimiento. Una vez en vuelo, el pájaro aprovecha las corrientes de aire ascendente para mantenerse sin cansancio.

18 de julio

¿POR QUÉ LAS GALLINAS PONEN HUEVOS?

El huevo, que no es otra cosa que el óvulo fecundado, está cubierto de una cáscara protectora, que la misma cría se encargará de romper cuando esté plenamente formada. Pero, una vez que el huevo ha sido expulsado, para que pueda desarrollarse, es necesario que se mantenga constantemente a la misma temperatura. Por eso la gallina se echa encima para proporcionarle calor. Se dice, entonces, que está incubando.

19 de julio

¿POR QUÉ SE PONEN ESPANTAPÁJAROS EN LAS HUERTAS Y CULTIVOS?

Los pájaros se alimentan en su mayor parte de insectos. Pero también comen semillas y frutas, y esto obliga a colocar en sembrados y huertos esos muñecos de forma humana que los asustan. En plantaciones modernas se utilizan espantapájaros acústicos, artefactos que reproducen las voces de alarma de las mismas aves, incitándoles a la huida.

20 de julio

¿POR QUÉ LOS LOROS PUEDEN «HABLAR»?

Los loros pueden imitar los sonidos de la voz humana gracias a su lengua, parecida a la del hombre. Otra aves, como la cotorra y el grajo, son también poseedoras de tal facultad. Naturalmente, se trata de una simple imitación de sonidos que nada tiene que ver con el verdadero acto del habla, pues no responde a una intención de comunicación.

21 de julio

¿POR QUÉ LOS PATOS TIENEN LOS DEDOS DE LAS PATAS UNIDOS POR UNA MEMBRANA?

El pato pertenece a la familia de las palmípedas, es decir, las aves que tienen las patas en forma de palmas. Todas las aves palmípedas son acuáticas. A lo largo del proceso evolutivo, los dedos de las patas de estas aves se han ido uniendo hasta adoptar la forma más idónea para la natación. De esta manera presentan una gran superficie de impulsión y pueden avanzar más rápidamente en el agua.

22 de julio

¿POR QUÉ LOS PECES PUEDEN RESPIRAR BAJO EL AGUA?

Los peces poseen un sistema respiratorio totalmente distinto del de los animales terrestres. Toman el oxígeno del agua sin necesidad de tragársela. El animal absorbe el agua por la boca y, al pasar ésta por las branquias, el oxígeno disuelto se separa del agua, que vuelve a expulsarse mediante unos órganos situados a ambos lados de la cabeza, las agallas.

23 de julio

¿POR QUÉ LOS PECES NO PARECEN DORMIR NUNCA?

Como el resto de los animales, los peces necesitan dormir para reponer fuerzas. Sin embargo, si siempre les vemos con los ojos abiertos es debido a que carecen de párpados, ya que la luz del sol pierde buena parte de su intensidad al pasar al medio líquido, y por ello no puede dañar las células de la retina de los peces. Los párpados no les son, pues, necesarios.

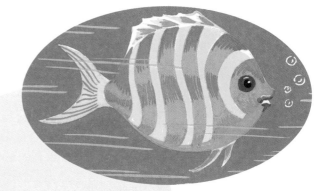

24 de julio

¿POR QUÉ LOS PECES NO TIENEN FRÍO EN EL AGUA HELADA?

Quizá sean los peces los animales más sensibles a los cambios ambientales (de temperatura, salinidad, etc.). No obstante, las distintas variedades están adaptadas a diferentes condiciones. Existen peces que sólo viven en aguas tropicales y otros que habitan en aguas frías. En este caso, los peces, que como los reptiles son animales de sangre fría, regulan la temperatura de su cuerpo según la temperatura ambiente.

25 de julio

¿POR QUÉ ALGUNAS SERPIENTES SON VENENOSAS?

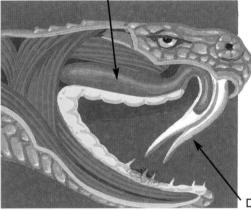

Glándula del veneno

Dientes inyectores

La naturaleza les ha dotado de esta facultad tanto para la defensa como para el ataque. Las serpientes almacenan el veneno en unas bolsas situadas a ambos lados de la cabeza llamadas «glándulas venenosas». De ahí parten unos conductos que confluyen en el interior de los dientes huecos por donde inyectan a su presa. El efecto de algunos venenos es rapidísimo y mortal.

26 de julio

¿POR QUÉ LAS ARAÑAS TEJEN SU TELA?

La tela de la araña no es más que una trampa para cazar a los pequeños animales de que se alimenta. La tela está formada de una sustancia pegajosa para todos los animales, menos para la propia araña, que puede caminar sobre ella sin dificultad. Cuando la araña ha fabricado su tela, se aparta para esperar a sus futuras víctimas. Al quedar atrapadas, éstas intentan desembarazarse de la trampa, produciendo unas vibraciones que sirven de señal de aviso a la araña.

¿POR QUÉ LAS HORMIGAS BUSCAN ALIMENTOS SIN CESAR?

La población de un hormiguero puede alcanzar cientos de miles de individuos diseminados a lo largo de complicadas galerías. Alimentar tal número de individuos requiere grandes cantidades de comida. Por ello los animales adultos invierten tantísimo tiempo en acarrear comida con la que dar alimento a las larvas e individuos más jóvenes y con los que abastecerse durante el invierno.

¿POR QUÉ LAS ABEJAS PRODUCEN MIEL?

Las abejas obreras, son las que se encargan de fabricar la miel, a base del néctar de las flores y de una saliva especial que elabora el insecto. La miel es utilizada para alimentar a las larvas durante sus primeros periodos de vida y a los adultos en las épocas invernales. El hombre aprovecha esta cualidad para su provecho, ya que la miel es un alimento muy energético.

29 de julio

¿POR QUÉ SE HINCHA LA PIEL CUANDO NOS PICAN DETERMINADOS INSECTOS?

La picadura de algunos insectos va seguida de la inyección de un líquido irritante, mortal para los pequeños animales, pero casi insignificante para el hombre y los animales superiores. Cuando un insecto pica a un ser humano, lo más normal es que se produzca en el lugar de la picadura una pequeña hinchazón, debida a una reacción del organismo ante el líquido tóxico.

Pelo

Dermis

Epidermis

30 de julio

¿POR QUÉ SE MATA A LAS MOSCAS CON INSECTICIDAS?

Debido a los medios en los que se mueven las moscas (estiércol, detritus y suciedad), el hombre las combate para evitar contagios malsanos. La mejor arma que se ha encontrado para la lucha contra estos bichos es el insecticida. Los insecticidas son unas sustancias químicas casi inocuas para los animales superiores, pero mortales para los insectos, a los que ataca principalmente en sus funciones respiratorias.

31 de julio

¿POR QUÉ SE TEME A LOS MICROBIOS, SI SON UNOS ANIMALES TAN PEQUEÑITOS?

Aunque existe una gran cantidad de microbios beneficiosos que el hombre utiliza para su provecho (en la fabricación de quesos, cerveza, antibióticos, etc.), hay otros muy perjudiciales para los seres vivos por producir gran número de enfermedades, algunas muy graves, como el tifus, el cólera, la rabia, etc. Por ello, el hombre teme a tales microorganismos y no cesa de investigar sobre de la manera de combatirlos.

Microbios

Microscopio

1 de agosto
¿POR QUÉ SE TEME A LOS VAMPIROS?

Estos mamíferos voladores, de hábitos nocturnos, han gozado siempre de siniestra reputación. Los más de ellos, sin embargo, son inofensivos. Pero existe una variedad americana que gusta de la sangre y ataca a los animales y aun al hombre. La boca de este murciélago se halla provista de unos incisivos muy desarrollados, con los que infiere el pinchazo. Después, de manera indolora para su víctima, chupa la sangre.

2 de agosto
¿POR QUÉ A CIERTOS CABALLOS SE LES DENOMINA «PURASANGRE»?

El «purasangre» es de creación relativamente reciente y han sido los ingleses los más empeñados en su obtención.

Originariamente, la «dinastía» se inició con tres caballos traídos *ex profeso* de Oriente Próximo. Desde entonces sólo merecen consideración de «purasangre» los caballos descendientes por línea directa de aquellos tres sementales importados.

3 de agosto

¿POR QUÉ VIVEN TANTO LAS TORTUGAS?

La tortuga, pese a la torpeza de sus movimientos, está excepcionalmente dotada para sobrevivir largo tiempo. El poderoso caparazón le hace prácticamente invulnerable a cualquier acometida, salvo las del hombre. Ello explica la longevidad de que goza este vigoroso animal, cifrada, para algunas especies, en los ciento cincuenta años.

4 de agosto

¿POR QUÉ LAS GOLONDRINAS REGRESAN A SU ANTIGUO NIDO?

Se conoce el fenómeno, pero no la respuesta. Los especialistas han aventurado al respecto numerosas hipótesis (orientación instintiva, astronómica, solar, magnética, topográfica, etc.). El hecho, sin embargo, es patente: las golondrinas, por agosto, regresan en nutridas bandas a los países mediterráneos y, después de revolotear bulliciosamente sobre los lugares de asentamiento, cada una se reacomoda en su antiguo nido.

5 de agosto

¿POR QUÉ SON TAN SOCIABLES LOS DELFINES?

Data de muy antiguo la buena fama de estos cetáceos. Modernamente se han descubierto en él singularidades sorprendentes. Junto a una querencia inusitada por el hombre, se le reconoce un perfecto sentido de la orientación, habilidad circense y extraordinarias dotes de detección. Los delfinarios son buena prueba del interés que a nivel popular suscita este simpático mamífero.

6 de agosto

¿POR QUÉ ALGUNAS MARIPOSAS POSEEN CUATRO OJOS?

Son las llamadas «mariposas-búho». Además de los verdaderos ojos anteriores, estos insectos presentan en las alas traseras otro par de ojos ficticios, que dan a esta parte del cuerpo apariencia de una cabeza real. Con ello, tales mariposas disponen de un excelente recurso defensivo, puesto que desorientan a sus enemigos, quienes por lo común dirigen su ataque a esa zona no vital del organismo del insecto.

7 de agosto

¿POR QUÉ SE DICE «TIENES MEMORIA DE ELEFANTE»?

Cuando, en el lenguaje usual, se quiere ensalzar el poder retentivo de una persona, es frecuente decir que esa persona posee memoria de elefante. Tal elogio, ciertamente, no es gratuito. Aunque pequeño, en relación con el volumen de su cuerpo, el elefante tiene un cerebro dotado de extraordinario número de circunvoluciones, lo que determina su formidable memoria.

8 de agosto

¿POR QUÉ LAS ANGULAS SE CAPTURAN DE NOCHE?

Las angulas llegan a las costas europeas por miles de millones y se instalan en las aguas de las rúas, estuarios y marismas. Este hábito gregario de la angula es lo que posibilita su captura. Pero ello ha de hacerse de noche y con auxilio de un foco luminoso. Las angulas acuden al estimulo de la luz, y el pescador tiende su cedazo a flor de agua y, en pasadas sucesivas, consigue capturarlas.

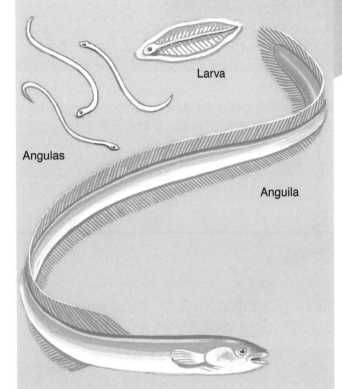

Larva

Angulas

Anguila

9 de agosto

¿POR QUÉ CAMBIA DE COLOR EL CAMALEÓN?

Durante mucho tiempo se creyó que este reptil usaba de esa facultad con finalidades defensivas. Hoy está demostrado que no es así. Y aunque en la práctica se beneficia de tal propiedad, en realidad sus cambios de coloración vienen determinados por la exposición de los rayos solares sobre su piel, así como por los estímulos nerviosos, que contraen o dilatan involuntariamente sus células pigmentarias, originando esas variaciones de color que le han hecho famoso.

10 de agosto
¿POR QUÉ EL «PEZ ARQUERO» ES CAPAZ DE CAZAR CON SUS DISPAROS?

El pez arquero, también llamado «pez cerbatana», es una especie muy común en los mares índicos. Posee en el paladar una ranura sobre la cual presiona con tal fuerza que el chorro de agua lanzado merced a este recurso es capaz de dejar sin sentido a sus víctimas, a las que captura de ese modo fácilmente.

11 de agosto
¿POR QUÉ LA GARZA DUERME SOBRE UNA SOLA PATA?

Garza imperial

Garceta nívea

Garceta azul

Como animal eminentemente acuático, que se alimenta de peces, moluscos y batracios, la garza, cuyas patas son largas, finas e implumes, habita de ordinario en ciénagas y ríos de escasa profundidad. Allí duerme incluso, y lo hace siempre sobre una sola extremidad, para sustraer la otra al frío, de tal manera que mientras descansa se equilibren mejor los intercambios térmicos entre su cuerpo y el agua.

¿POR QUÉ DESPLIEGA SU COLA EL PAVO REAL?

Esta singular gallinácea, de espléndido abanico multicolor, es originaria de la India meridional. Como todas las aves, gusta de solemnizar los preliminares del apareamiento nupcial. En realidad, pues, cuando «hace la rueda» con su deslumbrante cola, el motivo no es otro que el de atraer la atención de la hembra, sensible por naturaleza a la sugestión del color y al erizamiento de las vistosas plumas del macho.

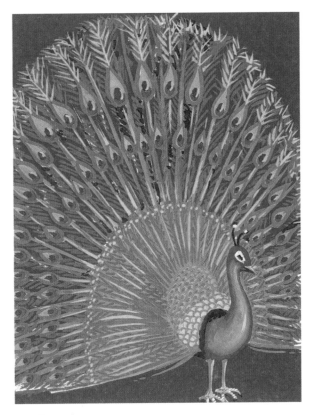

13 de agosto

¿POR QUÉ CADA DÍA SON MÁS ESCASOS LOS SALMONES?

Dos circunstancias contribuyen a ello: la creciente contaminación de los ríos y la interrupción del curso natural de éstos a causa de las presas hidroeléctricas. Dado que el salmón, para realizar su desove —puesta de huevos—, precisa remontar las corrientes fluviales hasta alcanzar aguas puras, la piscicultura moderna ha tenido que reservar zonas de cría donde el salmón halle el medio idóneo para su función reproductora.

¿POR QUÉ SE LLAMA «SASTRE» A CIERTO PÁJARO?

La nidación —como en términos ornitológicos se denomina le técnica de las aves para construir sus nidos— adopta las más caprichosas y variadas formas. Pero de todas ellas, quizá ninguna tan sorprendente como la del llamado «pájaro sastre», cuyo nido, en forma de ánfora, reviste, en su parte exterior, por medio de anchas hojas que cose primorosamente entre sí con resistentes fibras vegetales.

15 de agosto

¿POR QUÉ ANDA A SALTOS EL CANGURO?

El canguro posee unas extremidades extraordinariamente desiguales. Mientras el par anterior es corto y tiene por única finalidad asir la comida y llevársela a la boca, las posteriores son largas, firmes y provistas de una uña poderosa que utiliza como eventual arma de defensa. La cola es larga y musculosa, y merced al impulso que con ella ejerce, pivotea sobre las patas traseras y avanza a brincos, que pueden alcanzar hasta los nueve metros.

16 de agosto

¿POR QUÉ EMIGRAN LAS AVES?

Con la llegada de la estación invernal la vida de la tierra parece paralizarse. Desaparecen los insectos y los frutos, batracios y gusanos se entregan al letargo. Los pájaros, por todo eso, se ven repentinamente privados de sus elementos naturales de sustento y por fuerza han de remontar el vuelo en busca de países donde puedan suplir esa carencia alimenticia.

17 de agosto

¿POR QUÉ MUDAN DE PIEL LAS SERPIENTES?

En general se admite que este fenómeno, varias veces repetido a lo largo del año, está determinado por el gradual desarrollo del ofidio, cuyos tegumentos externos, sometidos a creciente tensión, acaban por quebrar y desprenderse a la manera de una vaina seca, para así dar paso al desarrollo de una piel nueva.

18 de agosto

¿POR QUÉ SE MANTIENEN A FLOTE LAS ARAÑAS DE AGUA?

Estos insectos poseen un cuerpo largo y delgado, y unas patas finísimas y contráctiles, dotadas de una sustancia aceitosa que las impermeabiliza. Merced a la tensión superficial del agua, ésta actúa como membrana de sustentación, con lo que no sólo puede mantenerse a flote, sino deslizarse velozmente sobre la superficie a la manera del esquiador acuático.

19 de agosto

¿POR QUÉ EL AVESTRUZ ESCONDE LA CABEZA BAJO EL ALA?

Esta zancuda es un animal conocido entre los humanos por sus hábitos insólitos y sus reacciones inesperadas.

Aunque se alimenta de insectos, frutas y semillas, llegado el caso puede ingerir las cosas más inverosímiles, como piedras, conchas, maderas y hasta objetos metálicos. Es capaz de conducirse agresivamente, pero por lo general, ante el peligro, adopta una actitud torpe y asustadiza, escondiendo la cabeza debajo del ala.

20 de agosto

¿POR QUÉ SON PELIGROSAS LAS PIRAÑAS?

Pese a su exiguo tamaño —no superior a los 25 centímetros de longitud—, las pirañas son uno de los depredadores más feroces del mundo acuático. Su ancha boca está provista de afilados dientes. Esto y la tendencia gregaria que les caracteriza, hacen de estos peces un enemigo temible, puesto que la acometida conjunta de miles de individuos puede devorar en contados minutos la presa más corpulenta.

Mandíbulas y dientes de piraña

21 de agosto

¿POR QUÉ SE DISTINGUE LA «MANTIS RELIGIOSA»?

Aparte de su esbeltez y suave colorido, este saltamontes, muy común en toda Europa, debe su fama a tres particularidades por igual inusuales: a la extraordinaria movilidad de su cuello; a la disposición genuflexa de sus patas anteriores, que le han granjeado el sobrenombre de «religiosa», y al hábito, ciertamente sorprendente, de matar a su pareja una vez consumado el apareamiento.

22 de agosto

¿POR QUE SE LLAMA «NIDO DE GOLONDRINA» A CIERTA SOPA?

En las regiones más extremas de Asia meridional habita un tipo de golondrina —la salangana— que fabrica su nido con la propia secreción salival, la cual, al contacto del aire, adquiere extraordinaria consistencia, si bien resulta luego soluble en el agua.

Tales nidos son muy apreciados por la alta cocina, pues con ellos se adereza una sabrosa sopa mundialmente conocida bajo el nombre de «nido de golondrina».

23 de agosto

¿POR QUÉ AL ALBATROS LE CUESTA ALZAR EL VUELO?

El albatros posee una corpulencia poco común. A menudo llega a sobrepasar los tres metros de envergadura. De hábitos sociables, le gusta seguir a los buques en mar abierto. Sin embargo, dado que nunca se posa en tierra como no sea para anidar, su capacidad de despegue es escasa, y para alzar el vuelo necesita, al igual que los aviones, de un considerable trecho.

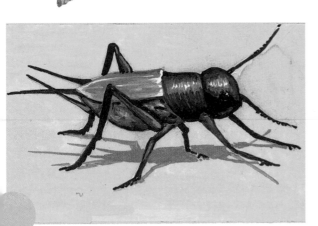

24 de agosto

¿POR QUÉ CANTA EL GRILLO?

En realidad, el grillo no canta; ejecuta instrumentalmente su estridulación.

¿Quién no ha oído alguna vez el alegre *grigri* de este trovador del campo? Lo produce cuando sus alas —los élitros— entran en vigorosa frotación, y la doble lima que cada uno de ellos posee crea en la base un área de resonancia que origina el famoso «canto».

¿POR QUÉ EL CONTINENTE ANTÁRTICO SUFRE EL DESHIELO?

De los dos polos terrestres —Polo Norte y Polo Sur—, es en este último donde el frío alcanza sus niveles más bajos.

No es infrecuente, en efecto, que el descenso llegue allí a menos de 80 grados centígrados. Sin embargo, debido al progresivo calentamiento del planeta como consecuencia de la contaminación y del efecto invernadero, la temperatura en el Polo Norte ha aumentado, con el consiguiente deshielo de los icebergs.

26 de agosto

¿POR QUÉ ES TAN DIFÍCIL DE CAPTURAR EL UROGALLO?

Es un animal sumamente esquivo. De ahí que los cazadores, para sorprenderle, hayan de acechar sus paradas nupciales, momento en que la conducta huraña del urogallo experimenta una mutación notable. Entonces se entrega a una danza enajenada pavoneándose ostentosamente. Tal es el momento que ha de aguardar el cazador para abatirle.

27 de agosto

¿POR QUÉ ALGUNOS REPTILES TIENEN UN TERCER OJO?

Aunque parezca increíble, existen reptiles que poseen, en efecto, un «tercer ojo» en la parte superior de la cabeza. Pertenecen al género de los saurios, y en la actualidad ese tercer ojo, por atrofia, carece de visión. Anatómicamente, corresponde a la llamada «glándula pineal», cuya presencia en los seres vivos —incluido el hombre— es objeto de las más variadas especulaciones por parte de los fisiólogos contemporáneos.

28 de agosto

¿POR QUÉ LE GUSTA A LA LECHUZA PERMANECER INMÓVIL?

Huésped habitual de campanarios y torres ruinosas, esta ave nocturna se caracteriza por sus inclinaciones sedentarias. Tiene el oído muy fino, pero en cambio su vista, de ojos frontales, está escasamente desarrollada. Por contraste, la capacidad de giro de su cuello llega a los 270 grados, lo que le permite permanecer en acecho constante sin alterar apenas su posición.

29 de agosto

¿POR QUÉ «ELECTROCUTA» EL PEZ TORPEDO?

El torpedo negro es un animal de medianas proporciones, cuya característica principal radica en los órganos electrógenos que lleva insertos entre las branquias y las aletas pectorales. Conectados con los terminales del sistema nervioso, de hecho generan descargas eléctricas cuya intensidad es suficiente para inmovilizar a sus enemigos y dejarles a su merced.

30 de agosto

¿POR QUÉ EL CASTOR ES UNA ESPECIE PROTEGIDA?

Este formidable roedor, de piel muy codiciada, ha provocado siempre la admiración del hombre. Anfibio de aguas puras, su laboriosidad, así como el primor con que ejecuta sus madrigueras fluviales, no tienen par en el reino animal. Roe por su base, para abatir los gruesos troncos de árbol; los dispone hábilmente en el río para alzar presas; robustece la obra con arcilla amasada con su propia cola y, en suma, realiza construcciones dignas del ingeniero más talentudo. No es, pues, extraño que tanto la Administración canadiense como la norteamericana hayan decretado la más severa protección de estos singulares animales.

31 de agosto

¿POR QUÉ NO DEBEN CAZARSE CIERTAS AVES?

La presencia en la naturaleza de las grandes rapaces no sólo constituye un motivo de ornato, sino un factor decisivo en el necesario equilibrio ecológico. Sin ellas, la descomposición de los cadáveres —sobre todo en las áreas tropicales— crearía gravísimos problemas sanitarios. De ahí que la protección por efecto de la caza abusiva, esté regulada por disposiciones especiales tanto en nuestro país como en todo el mundo civilizado.

1 de septiembre

¿POR QUÉ LOS ANIMALES NO CONSTRUYEN MÁQUINAS, COMO LAS PERSONAS?

El ser humano ha logrado subsistir y desarrollarse mediante la transformación del medio. Las máquinas, son precisamente, una de las principales ayudas con que el hombre cuenta para transformar la naturaleza.

Aunque algunos animales superiores son capaces de utilizar instrumentos rudimentarios, sólo el hombre sabe fabricar instrumentos mediante otros instrumentos y mejorarlos.

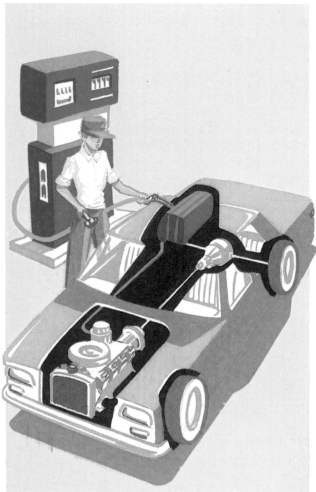

2 de septiembre

¿POR QUÉ SE PARAN LOS AUTOMÓVILES SI SE LES AGOTA LA GASOLINA?

La fuente de energía que hace posible el movimiento y el funcionamiento de los automóviles es la gasolina.

En los automóviles, la combustión se produce aplicando una chispa a una mezcla de gasolina y aire. Así se provoca una explosión que hace mover un émbolo, que a su vez actúa sobre las ruedas.

Sin gasolina no habría energía y sin ella no podría darse el movimiento del vehículo.

¿POR QUÉ SE ECHA AGUA EN EL RADIADOR DEL COCHE?

Al producirse la combustión de la gasolina de un automóvil se desprende una gran cantidad de calor y el progresivo aumento de temperatura podría quemar el motor. Para evitarlo se consigue el enfriamiento mediante agua que circula alrededor de las paredes del motor a través de unos circuitos cerrados. El agua pasa primero por el radiador, se enfría por acción del aire que proporciona la propia velocidad del vehículo.

¿POR QUÉ LOS AUTOMÓVILES TIENEN VARIAS VELOCIDADES?

La mayoría de los coches tienen cinco velocidades hacia delante y una marcha atrás. Utilizando la velocidad adecuada en el momento adecuado, se aprovecha mejor la energía del motor. Cuando es necesario que la energía del coche se utilice en suministrar potencia aunque disminuya la velocidad, como sucede en la subida de pendientes, se utiliza una velocidad corta. Por el contrario, en otras ocasiones interesa adquirir velocidad con poca potencia y se aplican marchas largas.

5 de septiembre

¿POR QUÉ LOS COCHES NECESITAN ACEITE PARA FUNCIONAR?

La fuerza de los gases que se desprende de las explosiones ocurridas en el motor del coche impulsa una pieza, llamada «pistón», que a su vez transmite la fuerza hasta llegar a aplicarse al giro de las ruedas. Estos empujes producen rozamientos y aumentos de temperatura que llegarían a dañar gravemente las piezas del motor. Para evitarlo se utiliza aceite mineral, que al introducirse entre las piezas las lubrica, permitiendo su fácil deslizamiento y conservación.

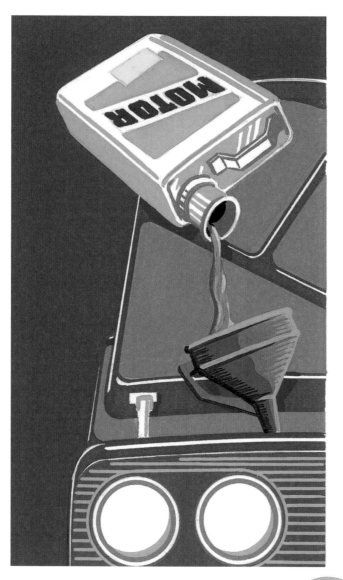

6 de septiembre

¿POR QUÉ LOS GLOBOS FLOTAN EN EL AIRE?

Los globos hinchados con gases más ligeros que el aire, como hidrógeno o helio, por su menor peso tienden a ascender. En este fenómeno se basan los aerostatos, esos globos gigantescos de los que cuelga una barquilla de mimbre. El globo se eleva a grandes alturas. Este simpático y antiguo invento de la aeronáutica sigue utilizándose aún con fines deportivos y publicitarios.

7 de septiembre

¿POR QUÉ PUEDEN VOLAR LOS AVIONES TENIENDO TANTO PESO?

El mecanismo de vuelo de los aviones es muy diferente del de las aves. El vuelo se consigue aplicando dos factores: por una parte, los potentes motores originan una gran fuerza de impulsión; por otra, las alas están orientadas de manera que el movimiento hacia adelante del aparato provoca una zona de vacío por encima y otra de presión por abajo.

8 de septiembre

¿POR QUÉ LOS AVIONES PRODUCEN EN OCASIONES UN GRAN ESTRUENDO?

Los aviones a reacción pueden, gracias a sus potentes motores, alcanzar enormes velocidades e incluso superar la velocidad del sonido. Si el objeto que produce los sonidos llega a alcanzar la velocidad del sonido, se produce una onda de choque. Es esta onda de choque la responsable del gran estruendo producido cuando un avión sobrepasa la «barrera del sonido».

9 de septiembre

¿POR QUÉ LOS HELICÓPTEROS CONSIGUEN ESTAR INMÓVILES EN EL AIRE?

La forma característica y la velocidad de giro que desarrolla el gran rotor que poseen los helicópteros, le permite elevarse y mantenerse en el aire. La rotación producida origina una fuerte corriente de aire, con lo que se consigue una fuerza ascensional. Así se explica que pueda permanecer en el aire.

10 de septiembre

¿POR QUÉ LOS AVIONES NO PUEDEN VOLAR HASTA LA LUNA?

En primer lugar, los aviones carecen de la velocidad suficiente para escapar a la fuerza de la gravedad. Además, su vuelo se funda en la sustentación de sus alas en el aire, por lo que si a determinada altura empieza éste a escasear, los aviones no pueden sostenerse. Por otra parte, su fuselaje no está preparado para defender a los ocupantes de la falta de presión exterior.

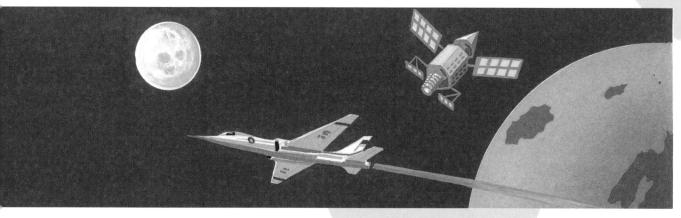

11 de septiembre

¿POR QUÉ LOS SATÉLITES ARTIFICIALES SE SOSTIENEN EN EL ESPACIO Y NO CAEN A LA TIERRA?

Los satélites artificiales son transportados fuera de la atmósfera con potentes cohetes. Una vez en el espacio, el cohete imprime al satélite una velocidad muy elevada. Sujeto entonces a dos velocidades (la proporcionada por el cohete y la producida por la gravedad) el satélite «cae» continuamente sin llegar nunca a tocar la superficie.

12 de septiembre

¿POR QUÉ FLOTAN LOS BARCOS EN EL AGUA, PESANDO TANTAS TONELADAS?

Los barcos consiguen mantenerse a flote en la superficie del agua, a pesar de su enorme peso, porque se construyen huecos. De esta manera se consigue que posean una densidad mucho menor que la del agua. Por lo tanto, el peso del navío es inferior al del volumen de agua que desaloja, y esto establece un estado de presiones que produce una fuerza de empuje que mantiene el barco a flote.

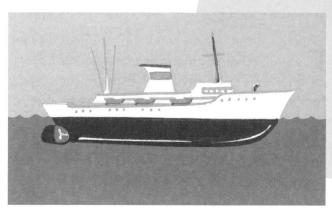

13 de septiembre

¿POR QUÉ LOS HOMBRES RANA PUEDEN RESPIRAR BAJO EL AGUA?

Como sabemos, los hombres no pueden respirar bajo el agua como los peces, porque no poseen el sistema respiratorio adecuado para obtener el oxígeno directamente del agua. Utilizan entonces unos depósitos llenos de aire comprimido que se cuelgan a la espalda.

Mediante una boquilla, conectada a los depósitos por unos tubos de goma, pueden respirar el aire comprimido mientras se encuentran sumergidos.

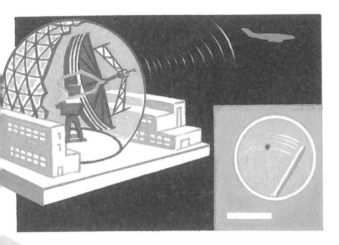

14 de septiembre

¿POR QUÉ PUEDEN VERSE LOS OBJETOS POR RADAR, AUNQUE SEA DE NOCHE?

El radar es un aparato destinado a detectar la presencia de objetos móviles situados a gran distancia. Si en su camino una onda encontrase cualquier objeto, chocaría con él originando de esta forma una onda de vuelta o «eco» que el radar registraría y localizaría. De esta forma, el radar no ve el objeto, pero lo puede detectar tanto de día como de noche.

15 de septiembre

¿POR QUÉ PUEDEN VERSE LOS OBJETOS EN UNA PANTALLA DE TELEVISIÓN?

En los estudios de televisión se graba la imagen mediante una cámara y se transforma en ondas que se envían al espacio. Los receptores son los televisores de las casas, que, con su antena, recogen las ondas y luego las transforman en puntos luminosos en el tubo de rayos catódicos que está tras la pantalla, reproduciendo una imagen idéntica a la que se está emitiendo.

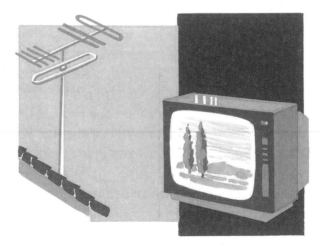

16 de septiembre

¿POR QUÉ SALTA UNA CHISPA AL DESCONECTAR UN ENCHUFE?

Cuando enchufamos cualquier aparato, la corriente eléctrica sale por uno de los orificios, atraviesa el aparato eléctrico y regresa por el otro orificio. Al sacar el enchufe, la superficie de contacto (que es ya pequeñísima) se calienta fuertemente, apareciendo un tipo de descarga denominada arco. Esto es lo que se conoce como «chispazo».

17 de septiembre

¿POR QUÉ SE TRANSMITE LA VOZ A TRAVÉS DEL TELÉFONO?

El proceso telefónico es parecido al de la televisión. Pero la transmisión no se efectúa por medio de ondas, sino por corriente eléctrica y la telefonía sólo transmite el sonido, no la imagen. Al hablar, el micrófono colocado en la parte inferior del auricular transforma las vibraciones sónicas en impulsos eléctricos que se transmiten por el cable telefónico. De esta forma llegan al auricular del interlocutor, transformándose en un sonido casi idéntico al que produjo la persona que habló.

¿POR QUÉ LAS CARRETERAS NO SON PLANAS Y TIENEN UNA SENSIBLE CAÍDA HACIA LOS LADOS?

La razón de que se construyan con ligeras pendientes laterales es la necesidad de remediar los efectos de la lluvia.

Si la carretera fuese horizontal, el agua de lluvia se estancaría sobre su superficie, provocando en la circulación situaciones molestas y peligrosas. Las pequeñas inclinaciones laterales obligan al agua a deslizarse hacia las cunetas o hacia las bocas de alcantarillado.

19 de septiembre

¿POR QUÉ VEMOS NUESTRA IMAGEN REFLEJADA EN LOS ESPEJOS?

Los espejos tienen en su reverso una capa metalizada de plata o estaño que refleja casi totalmente la luz. Cuando nos colocamos ante un espejo, los rayos luminosos que refleja nuestro cuerpo llegan a su superficie y se vuelven a reflejar, viajando en sentido contrario del espejo a nosotros. Al estimular nuestros ojos, las señales luminosas son transmitidas al cerebro, que se encarga de ordenarlas y reconstruir la imagen captada, que es simétrica a la nuestra.

¿POR QUÉ HACE UNA FOTOGRAFÍA UNA CÁMARA FOTOGRÁFICA?

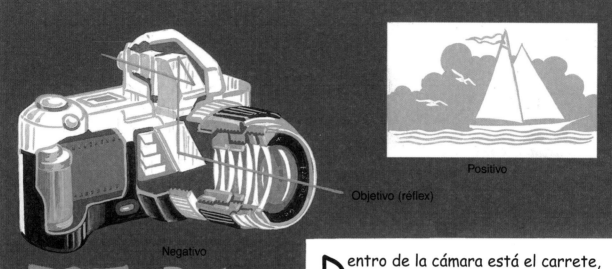

Positivo

Objetivo (réflex)

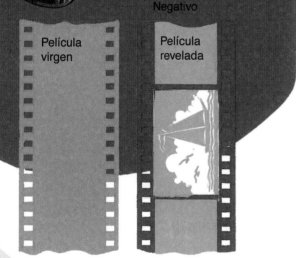

Negativo

Película virgen

Película revelada

Dentro de la cámara está el carrete, que no es sino una película impregnada de sustancias químicas que reaccionan en presencia de la luz. Cuando oprimimos el disparador de la cámara, se abre durante breves instantes una minúscula ventanilla, que deja pasar la luz hasta la superficie del carrete. Esto hace que se formen en la emulsión química unas manchas, que tras el proceso de revelado nos mostrarán la imagen fotográfica del objeto.

¿POR QUÉ EN UNA PANTALLA DE CINE SE VEN LAS FIGURAS TAN GRANDES?

Cuando hacemos pasar un rayo de luz a través de una película se obtiene una imagen que, proyectada en una pantalla puede ser tan grande o tan pequeña como nosotros queramos, según la distancia a que se encuentre el proyector de la pantalla y el poder de aumento de la lente colocada en el extremo del proyector. Los proyectores llevan también un sistema de lentes para proporcionar nitidez a la imagen.

22 de septiembre

¿POR QUÉ SE MUEVEN LAS IMÁGENES EN UNA PANTALLA DE CINE?

En realidad las imágenes no se mueven, pues una película consta de imágenes fijas, los fotogramas. Pero la proyección crea en el espectador la ilusión del movimiento merced a la persistencia retiniana, que hace que la sensación provocada en el cerebro por la imagen no se borre instantáneamente, de modo que su rápida sucesión genera la impresión de movimiento.

23 de septiembre

¿POR QUÉ HACEN TIC-TAC LOS RELOJES?

El movimiento de los relojes clásicos se debe a un complicado mecanismo, cuyo elemento fundamental es un muelle que hace balancear a una piececita y que en su balanceo deja en libertad a otras piezas. Este movimiento rítmico produce el característico sonido de tic-tac. Los modernos relojes movidos por energía eléctrica no producen ese sonido, pues no se sirven del dispositivo mecánico mencionado.

24 de septiembre

¿POR QUÉ LOS IMANES ATRAEN A LOS METALES?

Algunos metales y aleaciones, al ser sometidos a un campo magnético, experimentan una transformación, que genera una fuerza de atracción llamada «magnetismo». Las líneas de fuerza del magnetismo van de un punto a otro del imán, que es el nombre con el que designamos a ese metal magnetizado.

25 de septiembre

¿POR QUÉ SE COLOCAN PARARRAYOS EN LOS EDIFICIOS?

La energía producida por un rayo es enorme y puede ocasionar terribles desgracias humanas y materiales. Tales catástrofes se previenen aprovechando la cualidad de que la corriente eléctrica escapa por las puntas.

Colocando una punta eléctrica a cierta altura, ésta atrae hacia sí la dirección del rayo y transporta su energía a tierra, donde se descarga sin ocasionar daños. Estos postes de conducción se denominan pararrayos.

26 de septiembre

¿POR QUÉ SE PRODUCE LA LUZ EN UNA PEQUEÑA LINTERNA?

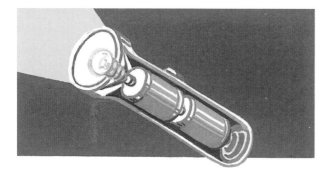

La explicación de que una minúscula bombilla pueda producir una luz potente sin necesidad de conexión a la red es que la linterna lleva un pequeño generador de corriente propio llamado «pila». El mecanismo de funcionamiento de una pila es que se establece una diferencia de potencial entre dos reactivos químicos. Esta diferencia de potencial decrece a medida que ambos compuestos reaccionan, y la pila se va gastando.

27 de septiembre

¿POR QUÉ SUENA LA MÚSICA EN UN DISCO?

El fundamento del disco es que se aprovechan las vibraciones producidas por las notas sonoras para punzar un plato de materia plástica. Entonces se dice que el disco se está grabando. Para su audición se utiliza el tocadiscos, que es un aparato que invierte el proceso de grabación de manera que los surcos del disco hacen vibrar la aguja del tocadiscos y estas vibraciones son amplificadas para reproducir la música que se grabó originalmente.

28 de septiembre

¿POR QUÉ A LOS BOLÍGRAFOS SE LES DENOMINA ASÍ?

El bolígrafo es un instrumento que consta de varias partes: una de ellas, cilíndrica y alargada, está llena de una tinta muy densa. Este depósito interior del bolígrafo desemboca en la punta, en la que existe un orificio donde se ajusta una bolita, que al rodar sobre el papel va dejando un reguero de tinta. La bolita es lo que da nombre al instrumento.

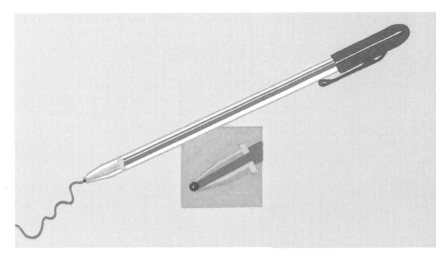

29 de septiembre

¿POR QUÉ SUBEN SOLAS LAS ESCALERAS MECÁNICAS?

Las escaleras mecánicas constan de unas planchas unidas entre sí por medio de bisagras. Este sistema de planchas se mueve a su vez mediante un motor eléctrico. Las planchas adoptan la forma escalonada gracias a un juego de palancas. Algunas escaleras mecánicas son puestas en marcha por la acción de una célula fotoeléctrica, de modo que sólo funcionan cuando una persona va a subir o a bajar.

30 de septiembre

¿POR QUÉ SE ENCIENDE UNA CERILLA AL FROTARLA CON EL RASCADOR?

La cabeza, parte más gruesa de la cerilla, está formada por un compuesto de fósforo y otras sustancias. Al frotar la cerilla contra el rascador se produce un considerable aumento de temperatura en su cabeza. El aumento de temperatura provoca la ignición de la sustancia inflamable, que a su vez prende en la madera. Este es el sistema de fósforo más común en la actualidad.

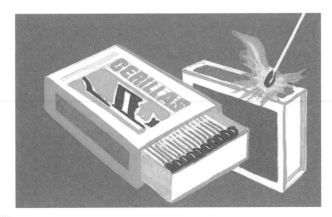

¿POR QUÉ EL PERISCOPIO PERMITE VER LA SUPERFICIE DESDE LA PROFUNDIDAD?

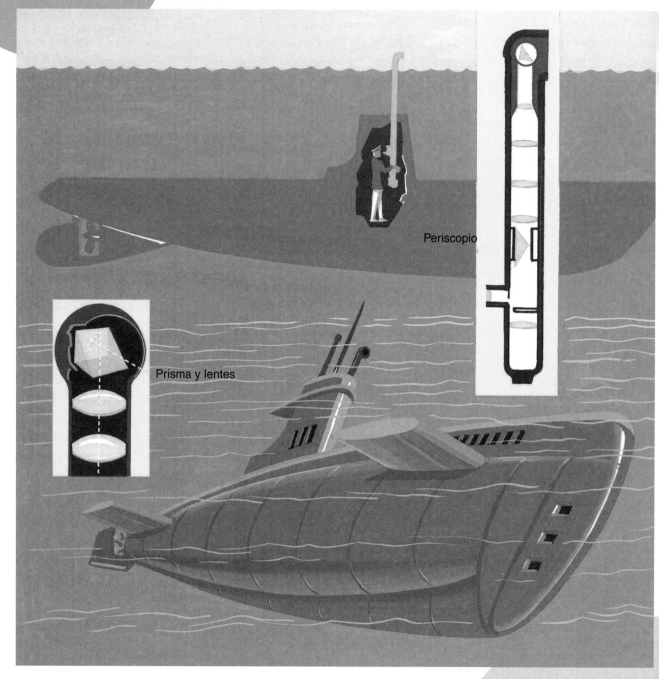

Periscopio

Prisma y lentes

Este ingenio, de tan valiosa aplicación en los submarinos, fue ideado hacia mediados del siglo XX por diversos científicos. Consta de un tubo largo y móvil, en cuyo interior se disponen una serie de lentes, con dos terminales prismáticos: uno, superior, que desvía verticalmente los rayos de la imagen captada, y otro inferior, que los proyecta sobre el ocular del observador.

2 de octubre

¿POR QUÉ EN LA ANTIGÜEDAD SE CONSTRUÍAN PUENTES ALZADOS POR EL CENTRO?

Esta técnica, muy empleada por los romanos, se fundamenta en la solidez que el arco, como factor de robustecimiento, presta a este tipo de construcciones, puesto que así la carga se libera por igual sobre las impostas o estribos laterales. El ejemplo quizá más representativo lo constituye el puente romano de Mérida, que, con sus 692 metros de longitud y casi siete metros de anchura, continúa abierto al tránsito rodado.

3 de octubre

¿POR QUÉ LOS LÍQUIDOS CONSERVAN SU TEMPERATURA EN EL TERMO?

En su interior, el termo contiene una botella de doble pared de vidrio espejeado, en cuyo hueco se ha practicado el vacío para que actúe como aislante térmico entre el líquido y el exterior. A su vez, esta botella va protegida con una envoltura metálica o de plástico. De ese modo, si la botella se mantiene herméticamente cerrada, el líquido —frío o caliente— conservará durante largas horas su temperatura.

4 de octubre

¿POR QUÉ SE CONSERVAN LOS ALIMENTOS ENLATADOS?

El procedimiento vino aconsejado por la necesidad de disponer, en todo tiempo y lugar, de una dieta variada y de absoluta garantía. Merced a la esterilización previa de los envases, que evita el desarrollo de microorganismos fermentadores, y a la adición de adecuadas sustancias conservadoras, se consigue que los alimentos enlatados se mantengan inalterados por tiempo indefinido.

5 de octubre

¿POR QUÉ «TIRAN» LAS CHIMENEAS?

La forma alargada de las chimeneas, así como su verticalidad obedecen a un principio físico llamado «convección», según el cual el calor generado en un punto transmite su energía térmica a las zonas más frías. Así, pues, la chimenea, al poner en comunicación el aire frío del exterior con el caliente emanado del hogar, determina un movimiento que absorbe los humos derivados de la combustión.

6 de octubre

¿POR QUÉ LOS «ZAHORÍES» DETECTAN LA PRESENCIA DE YACIMIENTOS?

Durante mucho tiempo, esta práctica prospectiva ejecutada por expertos con el solo auxilio de una varilla o de un péndulo, estuvo bajo sospecha, en la creencia de que sus resultados eran producto de artes malignas. Hoy se realiza corrientemente por individuos especializados, tanto para buscar aguas subterráneas como yacimientos minerales. En todo caso, los resultados de esta práctica —llamada «radiestesia»— siguen siendo discutibles.

7 de octubre

¿POR QUÉ ALGUNAS BOTELLAS TIENEN EL TAPÓN REFORZADO CON UN ALAMBRE?

Tanto el champán como otras bebidas espumosas son embotelladas antes de que haya terminado su proceso de fermentación, el cual, al producirse, genera gas carbónico, que, naturalmente, ejerce presión en todas direcciones. El casco de las botellas está calculado para resistir esa presión, pero no así el corcho. De ahí que, una vez desprovisto del precinto, el tapón salte con facilidad, empujado por el líquido a presión.

8 de octubre

¿POR QUÉ LLEVAN QUILLA LAS EMBARCACIONES?

La quilla es el principal elemento equilibrador de las embarcaciones. Sin ella, la estabilidad de los buques sería muy escasa, y el riesgo de vuelco, por la acción de las olas o desequilibrio de la carga, permanente. En todo caso, cada barco, de acuerdo con su estructura, impone una quilla de trazado diferente. En general, los barcos de regata exigen quillas profundas (orza, deriva, etc.), en tanto que los buques de transporte no tanto.

9 de octubre

¿POR QUÉ A VECES SE HIERVE LA LECHE?

La leche, por su riqueza en grasas, glúcidos y vitaminas, es un alimento completo, pero tomada en crudo comporta considerables riesgos. En tal estado, la leche es tan sensible a la acción de las bacterias que éstas, caso de existir, pueden reproducirse a razón de varios millones por centímetro cúbico. De ahí la conveniencia de hervirla previamente, para anular en ella cualquier microorganismo patógeno.

10 de octubre

¿POR QUÉ SE LLAMA «POSTAL» AL SERVICIO DE CORREOS?

En la Antigüedad, por cuanto los medios de transporte terrestre se limitaban al carruaje y a las caballerías, los Estados hubieron de disponer el llamado «servicio de postas», conjunto de caballerías prevenidas escalonadamente a lo largo de los caminos para realizar, por relevos, el traslado de viajeros y asegurar el envío de los mensajes entre el poder central y los órganos periféricos de la administración.

11 de octubre

¿POR QUÉ SE COLOCAN HORIZONTALMENTE LAS ANTENAS DE TELEVISIÓN?

La función de toda antena consiste en recoger las ondas electromagnéticas difundidas en el espacio por una fuente emisora.

Dado que estas ondas, en televisión, se propagan de manera horizontal, la doble T tendida que adoptan, por lo regular, las antenas de este medio audiovisual obedece al propósito de que los dos tubos independientes de que consta capten mejor las ondas y con ello se obtenga una perfecta visibilidad.

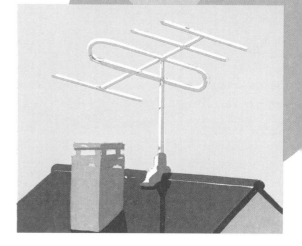

12 de octubre

¿POR QUÉ SUBE Y BAJA LA CAPERUZA DEL FRAILE EN LOS HIGROSCOPIOS?

La finalidad de este sugestivo artilugio de uso familiar es la misma que la del higrómetro científico, aunque en rudimentario: registrar la humedad relativa del aire. A tal fin, conectada con la caperuza del fraile, estos dispositivos llevan una cuerda de tripa, la cual se retuerce con la sequedad y se destuerce con la humedad, determinando así, por virtud de las diferentes tensiones, que la caperuza en el primer caso se eleve y en el segundo se abata.

13 de octubre

¿POR QUÉ A CIERTAS PERLAS SE LAS LLAMA «CULTIVADAS»?

Las más valiosas se extraen de la clase llamada «meleagrina», originaria de los mares cálidos e incontaminados. Pero por iniciativa del japonés Kokichi Mikimoto, se obtienen asimismo perlas introduciendo artificialmente en la ostra meleagrina un fragmento de epitelio nacarado procedente de otros moluscos. De este modo y mediante técnicas cuyo secreto se guarda celosamente, se consigue el «cultivo» de perlas de calidad comparable a las naturales.

14 de octubre

¿POR QUÉ SE UTILIZA EL FRÍO EN LA CONSERVACIÓN DE LOS ALIMENTOS?

El deterioro de los alimentos por la acción de las bacterias, hongos y microbios, viene favorecido por las temperaturas altas, en tanto que el frío interrumpe e incluso anula esa descomposición. De ahí que en la actualidad existan enormes cámaras frigoríficas, destinadas al almacenamiento de carnes y productos hortofrutícolas, a los cuales se da así paulatina salida en cualquier época del año y en perfecto estado de conservación.

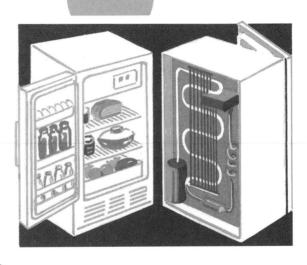

15 de octubre

¿POR QUÉ SE REALIZA LA INSEMINACIÓN ARTIFICIAL?

Esta práctica viene aconsejada por el empeño de obtener la mejor selección de las razas de ganado, puesto que los caracteres hereditarios están presentes en los genes —factores celulares de la reproducción— y se transmiten de generación en generación. Este procedimiento se utiliza también con pleno éxito en la cría de algunos peces y en la investigación del comportamiento de las plantas.

16 de octubre

¿POR QUÉ SE ABREN LOS PARACAÍDAS?

Este ingenioso dispositivo, ideado ya por Leonardo da Vinci, funciona así: tras el lanzamiento y una vez accionada la cinta de apertura, ésta se tensa con el peso del paracaidista. Se rompen los precintos de la bolsa y quedan en libertad cordones y velamen para que el aire penetre en los pliegues e infle finalmente la campana sustentadora.

17 de octubre

¿POR QUÉ SE SUMERGE A VOLUNTAD EL SUBMARINO?

Inmersión (agua)

Emersión (aire)

El casco del submarino está constituido por una doble coraza cuyo espacio intermedio posee varios depósitos que pueden contener alternativamente agua o aire, según se desee provocar la inmersión (hundimiento) o la emersión (salida a la superficie). En el primer caso, la acción de unas válvulas adecuadas da entrada al agua hasta el nivel deseado; en el segundo, el agua es bombeada por medio de unos dispositivos de aire comprimido.

18 de octubre

¿POR QUÉ SE ALEJA Y APROXIMA LA IMAGEN EN EL CINE?

Zoom

Juego de lentes

Hace sólo algunos años esto era imposible. Tales efectos se conseguían, a lo sumo y de manera imperfecta, por medio de la cámara rodante. Hoy, en cambio, se obtienen automáticamente con asombrosa sencillez. El dispositivo capaz de este logro se le conoce con el nombre de zoom. Es un objetivo de distancia focal variable, constituido por varias lentes móviles, que permite el paso ininterrumpido a todos los efectos: normal, gran angular y teleobjetivo.

19 de octubre

¿POR QUÉ LOS DETERGENTES DEBEN SER «BIODEGRADABLES»?

Como es sabido, el uso de los jabones detergentes se ha generalizado hasta tal punto que la acumulación de sus residuos —por lo general, insolubles— en los mares y ríos ha llegado a constituir una seria amenaza para la supervivencia de especies animales y vegetales. De ahí que las autoridades sanitarias obliguen hoy a que los detergentes sean «biodegradables», a fin de que su acción contaminante no perdure indefinidamente.

20 de octubre

¿POR QUÉ SE ABREN ALGUNAS PUERTAS SIN NECESIDAD DE EMPUJARLAS?

Este componente de comodidad, usual en lugares de intenso tránsito peatonal (como estaciones de ferrocarril, centros comerciales, aeropuertos, etc.), se establece en base a dos ingenios electromecánicos: uno, por la acción coordinada de la pisada del peatón sobre un resorte oculto en el suelo, y otro, por obstrucción del haz lumínico de una célula fotoeléctrica cuyos dispositivos se sitúan a ambos lados de la puerta.

¿POR QUÉ SON IMPORTANTES LOS SATÉLITES METEOROLÓGICOS?

Estos ingenios han venido a revolucionar la técnica de la predicción del tiempo. Con los satélites, verdaderos laboratorios científicos colocados en la órbita de la Tierra, no sólo se fotografían las nubes y los huracanes, sino los icebergs, las tempestades de arena e incluso el soplo de los monzones. Multitud de actividades dependientes del estado meteorológico —navegación aéreo-naval, agricultura, etc.— se han visto beneficiadas de modo extraordinario.

22 de octubre

¿POR QUÉ SE ARROJA SAL EN LAS CALLES NEVADAS?

En contacto con la sal, la nieve refuerza su resistencia a la congelación, que de otro modo se produciría a partir de los 0 grados. Así, pues, el tirar sal en las calles nevadas es una medida preventiva contra el riesgo de descenso excesivo de la temperatura —en especial, durante la noche—, lo que determinaría el endurecimiento de la nieve caída y, con ello, la lógica agravación del problema viario.

23 de octubre

¿POR QUÉ SE ELABORA LA LECHE EN POLVO?

En esencia, la leche en polvo no es sino leche fresca desprovista del agua, que por lo común supone entre un 86 y un 91% de su masa total. Al deshidratarla, se consiguen varias finalidades por igual interesantes: que su peso se reduzca, que se mantengan inalteradas sus propiedades nutritivas y que su conservación, aislada del aire, se prolongue durante varios meses.

24 de octubre

¿POR QUÉ SE INSTALAN FAROS EN LA COSTA?

El objeto de los faros es señalar a los buques, por medio de la luz, la vecindad de la costa. Primitivamente no eran sino simples hogueras alzadas en puntos prominentes del litoral. En la actualidad, junto a los faros tradicionales de alcance intermedio, se instalan los llamados «radiofaros», equipados con una estación transmisora que emite automáticamente, en horas fijas, señales radioeléctricas convenidas.

25 de octubre

¿POR QUÉ NO SE CAEN LOS RASCACIELOS?

Estos colosos arquitectónicos no son en absoluto moles rígidas. Si lo fuesen, se desplomarían. Por el contrario, sus estructuras poseen un límite de flexión cuidadosamente calculado por sus constructores. Es lo que en términos arquitectónicos se llama «coeficiente de elasticidad». Merced a él, los rascacielos no sólo se mantienen en pie, sino que pueden resistir terremotos de considerable magnitud.

26 de octubre

¿POR QUÉ EL BUMERÁN VUELVE A SU ORIGEN?

El comportamiento de esta arma arrojadiza se explica por su forma angular, así como por sus dos superficies —una convexa y otra cóncava—, curvadas a manera de hélice. Al ser lanzado, el bumerán adquiere a la vez un movimiento de traslación y otro de rotación. Luego, agotado el empuje, cesa su progresión, pero no la rotación, y, obligado por su propio peso a favor del movimiento rotativo, regresa al punto de lanzamiento.

27 de octubre

¿POR QUÉ LOS BARCOS SE BOTAN DE POPA?

Ello se justifica por varios motivos: por preservar, con el menor recorrido la integridad de las hélices; porque la parte baja de la popa es más fina e incide mejor en el agua, y finalmente, porque una vez superada la fase crítica del contacto con el mar, las anchas formas de la popa en su parte superior facilitan en gran manera la flotación del casco y con ello el buen éxito del lanzamiento.

28 de octubre

¿POR QUÉ A VECES SE USA LA ESPUMA PARA APAGAR EL FUEGO?

Tradicionalmente, el agua ha venido siendo el elemento extintor por excelencia. El empleo de la espuma extintora (mezcla de anhídrido carbónico y aceites vegetales) es de aplicación indicada en los incendios de combustibles líquidos, como gasolina, benceno, alcohol, etc., compuestos todos ellos más ligeros que el agua y en los que el uso de ésta, por tanto, resulta contraproducente.

29 de octubre

¿POR QUÉ ES TAN COMPLICADO EL TRAJE ESPACIAL?

La presencia del hombre en el espacio no es posible sin la adecuada protección contra las radiaciones cósmicas y las extremadas temperaturas. De ahí la complejidad del traje espacial, que si bien limita los movimientos del astronauta, en cambio preserva a éste de tan formidables peligros. El empleado por los norteamericanos es el resultado de muchos años de estudio. Pesa 15 kilogramos y está constituido por 18 capas diferentes.

30 de octubre

¿POR QUÉ MARCHAN SIN RUEDAS ALGUNOS AUTOMÓVILES?

Por el momento, son modelos experimentales, como el *Pegasus I*, de patente norteamericana, y el *Cushioncraft*, de fabricación inglesa. Estos prototipos ofrecen, en efecto, la revolucionaria innovación de carecer de ruedas. Se desplazan por medio de un colchón de aire, que les mantiene suspendidos a medio metro del suelo. Luego, un conjunto de hélices entubadas determinan su propulsión, de momento limitada a 65 kilómetros por hora.

31 de octubre

¿POR QUÉ LOS PETROLEROS TIENEN SU MAQUINARIA A POPA?

En los petroleros destaca el que su maquinaria vaya siempre instalada a popa, mientras los depósitos del crudo se alinean en la parte delantera, en departamentos estancos. Ello obedece a una elemental medida de precaución, tendente a evitar que cualquier accidente fortuito —incendio, expansión súbita de gases, etc.— pudiera hacer presa en la carga y originar una catástrofe.

1 de noviembre

¿POR QUÉ DEBEMOS OBEDECER Y RESPETAR A LAS PERSONAS MAYORES?

En casi todas las sociedades, las personas mayores han recibido un trato especial por parte de las más jóvenes. En nuestra civilización esta norma está muy arraigada. Las personas mayores son tanto más dignas de respeto cuanto más estén dispuestas a admitir sus propios errores y el diálogo con las de menor edad.

2 de noviembre

¿POR QUÉ DEBEMOS LAVARNOS LOS DIENTES?

Cuando comemos, algunos fragmentos de los alimentos que masticamos quedan entre los dientes. Si estos restos alimenticios fermentan por la acción de las bacterias que viven en nuestra boca, pueden provocar infecciones e incluso la destrucción de los dientes. Para prevenir estos males y el olor desagradable del aliento debemos lavarnos los dientes con un dentífrico que elimine los residuos y nos desinfecte la boca.

3 de noviembre

¿POR QUÉ DEBEMOS LAVARNOS LAS MANOS ANTES DE LAS COMIDAS?

Generalmente los objetos con los que jugamos o trabajamos están sucios y la suciedad que nos queda pegada a las manos, junto con el sudor, son buen alimento para las bacterias que pueblan el medio ambiente. Si comiéramos con las manos sucias, muchos de estos microorganismos se depositarían en los alimentos y podrían causarnos una infección. Por ello debemos lavarnos las manos, eliminando la grasa y suciedad que están adheridas a ellas.

4 de noviembre

¿POR QUÉ DEBEMOS LAVARNOS LAS OREJAS?

El interior del oído está impregnado de una sustancia grasa llamada «cerumen». Esta sustancia tiene por función retener el polvo y los microorganismos del ambiente, evitando así que penetren y provoquen una infección en el delicado oído interno. Por ello debemos lavarnos diariamente las orejas, evitando la acumulación de cerumen sucio.

5 de noviembre

¿POR QUÉ DEBEMOS COMER A DETERMINADAS HORAS?

El proceso de la digestión de la comida requiere cierto tiempo. Es más racional comer a horas determinadas, dejando intervalos de tiempo suficientes entre comida y comida, que hacerlo desordenadamente. De ese modo se facilita la secreción de jugos del estómago y la absorción de los alimentos por la sangre. Naturalmente, los horarios y la cantidad de cada comida varían de unas sociedades a otras.

6 de noviembre

¿POR QUÉ FUMAR ES PERJUDICIAL PARA LA SALUD?

Aunque el tabaco es consumido por gran parte de la población, no es nada beneficioso para el organismo humano, porque contiene una sustancia muy tóxica llamada «nicotina», altamente nociva para el aparato respiratorio, el corazón y el sistema circulatorio. Los niños y los jóvenes, por estar en pleno desarrollo orgánico, han de evitar el tabaco con mayor razón que los adultos.

7 de noviembre

¿POR QUÉ LOS NIÑOS DEBEN ESTUDIAR?

A lo largo de nuestra vida los hombres no dejamos de adquirir nuevos conocimientos, que nos sirven para comprender mejor la realidad y para transformarla.

Un hombre no puede ser libre sin tener cierta cantidad de conocimientos, porque para poder elegir libremente entre varias cosas hay que conocerlas previamente.

8 de noviembre

¿POR QUÉ EXISTEN LAS BANDERAS?

Las comunidades humanas suelen crear símbolos de su propia unidad, de sus aspiraciones colectivas, etc. Así, la comunidad cristiana se representa mediante la cruz y la comunidad de los pueblos islámicos mediante la media luna. La bandera nacional constituye, junto al himno nacional, el símbolo de una nación. Por eso ondea en los edificios públicos, en representación del Estado.

9 de noviembre

¿POR QUÉ EXISTEN LOS EJÉRCITOS?

A partir de la Edad Media los distintos Estados fueron creando ejércitos permanentes destinados a defender su soberanía. En los siglos XVIII y XIX, casi todos los ejércitos adoptaron el sistema de servicio militar obligatorio, en el que los mandos son profesionales y las tropas se reclutan entre la población civil joven. Este procedimiento ha sido sustituido por un ejército profesional en muchos países. En España el servicio militar dejó de ser obligatorio en 2001.

10 de noviembre

¿POR QUÉ SE PAGAN IMPUESTOS?

Los impuestos son cantidades de dinero que los ciudadanos pagan obligatoriamente al Estado. Los impuestos constituyen la principal fuente de ingresos del Estado, y gracias a ellos se financian los servicios públicos (carreteras, sanidad, etc.) los centros de educación y todas las demás instituciones estatales, como el ejército y la policía.

11 de noviembre

¿POR QUÉ TENEMOS CARNÉ DE IDENTIDAD?

En ciertos países, el documento de identidad es obligatorio para todos los mayores de edad y sirve para acreditar la personalidad individual de los ciudadanos. Aparte de servir como instrumento seguro de identificación en todos los casos en que sea necesario, cumple la función de hacer posible el control de los ciudadanos por la autoridad.

12 de noviembre

¿POR QUÉ DEBEMOS IR A LA ESCUELA?

Aunque comenzamos a aprender cosas desde el momento mismo de nacer, es en la escuela donde el aprendizaje se hace ordenado y sistemático. Pero la escuela, aparte de proveernos de los conocimientos necesarios para la vida, nos ayuda a desarrollar nuestra personalidad en todos los órdenes y nos educa en la convivencia social, en el trato con los demás.

13 de noviembre

¿POR QUÉ EXISTE UN CÓDIGO DE CIRCULACIÓN?

Cuando la fabricación del automóvil se industrializó a gran escala, aumentó su utilización y el consiguiente peligro de accidentes. Así nació la necesidad de crear una serie de normas y preceptos que ordenasen el tráfico rodado, facilitando su fluidez y la seguridad de conductores y peatones. El conjunto de tales reglas se reúne en el llamado «Código de la Circulación».

14 de noviembre

¿POR QUÉ LOS COCHES DE BOMBEROS Y LAS AMBULANCIAS TIENEN SIRENA?

Cuando se trata de salvar la vida de alguien, el factor que más cuenta es la rapidez. Los dos casos más representativos del salvamento urgente de vidas humanas aparecen en el caso de las enfermedades imprevistas y en el de los siniestros. Las ambulancias y los coches de bomberos, que deben circular a gran velocidad, van provistos de sirenas que advierten a los otros conductores para que les cedan paso.

15 de noviembre

¿POR QUÉ HAY ESTATUAS EN LAS PLAZAS?

Es costumbre muy antigua la de perpetuar la memoria de los hombres ilustres mediante imágenes escultóricas que se sitúan en lugares públicos. Las estatuas de tema conmemorativo y de homenaje, junto a las de tema mitológico, religioso, etc., contribuyen al embellecimiento de los lugares en que se erigen.

16 de noviembre

¿POR QUÉ SE CELEBRA EL DÍA DE LA MADRE Y EL DEL PADRE?

Sentimos gratitud y cariño por nuestros padres, que nos quieren y nos cuidan desinteresadamente desde que nacemos. En nuestra sociedad se da mucha importancia a la familia. Por ello, el primer domingo de mayo es el día de la madre y el 19 de marzo el día del padre.

Para mamá y papá

17 de noviembre

¿POR QUÉ NOS BESAMOS?

En la cultura occidental el beso es una forma tradicional de manifestar afecto, debido a la gran sensibilidad de los labios. Nos besamos en muy distintos casos de comunicación afectiva y también de modo exclusivamente protocolario, sin necesidad de que medie auténtico afecto, como ocurre en determinados encuentros, despedidas, etc.

18 de noviembre

¿POR QUÉ ESTRECHAMOS LA MANO PARA SALUDAR?

La costumbre, establecida en occidente, de saludarse estrechándose la mano, tiene un origen un tanto pintoresco. Procede de siglos pasados, en los que los individuos acostumbran a llevar armas.

Cuando uno de ellos quería manifestar su amistad o su reconocimiento a otro, arrojaba el arma y ofrecía la mano derecha, como un signo de paz.

19 de noviembre

¿POR QUÉ SE CONSTRUYEN CIUDADES?

Aunque las primeras ciudades surgieron hace muchos siglos, la ciudad en el sentido moderno se constituyó durante la revolución industrial, que hizo posible, merced al gran desarrollo de la industria a partir del siglo XVIII, las enormes concentraciones de población trabajadora, en gran parte procedente del medio rural.

20 de noviembre

¿POR QUÉ SE CONSTRUYEN RASCACIELOS?

Las grandes concentraciones de población en las ciudades hicieron fundamental el problema del suelo. Mediante los rascacielos se intentó una fórmula de aprovechamiento del espacio, a saber, el crecimiento de la ciudad vertical y no horizontalmente. En los países occidentales el suelo es de propiedad privada y objeto de especulación y sus propietarios encuentran más rentable la construcción de edificios de muchas plantas.

21 de noviembre

¿POR QUÉ SE CONSTRUYEN FERROCARRILES SUBTERRÁNEOS?

El ferrocarril subterráneo, al que en España llamamos «metro» (abreviatura de «metropolitano»), surgió de la necesidad de crear un medio de transporte urbano rápido y eficaz.

Son varias sus ventajas: no interfiere en el tráfico automovilístico exterior; no es contaminante, por utilizar energía eléctrica; y no ofrece tantos peligros de accidente como el tráfico exterior.

22 de noviembre

¿POR QUÉ EXISTEN IDIOMAS EN EL MUNDO?

La especie humana vive en grupos o comunidades diseminados por toda la tierra. Sólo muy recientemente, y gracias al desarrollo de los transportes y los medios de comunicación, se ha hecho posible un contacto permanente entre unas y otras comunidades. Como es lógico, en el pasado cada comunidad desarrolló su lengua propia, aunque algunos idiomas tienen un origen común, por proceder de una misma comunidad primitiva.

Español
Pan

Francés
Pain

Italiano
Pane

Inglés
Bread

Portugués
Pâo

Tipos de escritura

Siglo X

Flamenca

Cursiva

23 de noviembre

¿POR QUÉ SE INVENTÓ LA ESCRITURA?

El primer sistema de comunicación entre los hombres fue, naturalmente, el lenguaje verbal o hablado. Pero las necesidades de comunicación no se agotaban en él, pues se hacía preciso un sistema de registro, de conservación del lenguaje, que permitiese transmitir y dejar constancia de los conocimientos, comunicarse a distancia, etc. De esa necesidad nació la escritura, que es una traducción visible del lenguaje verbal.

24 de noviembre

¿POR QUÉ LOS ADULTOS TAMBIÉN JUEGAN?

Para los niños el juego es una necesidad psicológica y una actividad con una importante función educativa, en la que se desarrolla su personalidad. Los juegos infantiles van cambiando de naturaleza a medida que se crece. Las personas mayores no juegan igual que los niños, pero también juegan, divirtiéndose en sus momentos de ocio con actividades no productivas.

25 de noviembre

¿POR QUÉ ANTES DE LA COMIDA SE SUELE TOMAR EL APERITIVO?

La costumbre de comer o beber algo antes de las comidas se conoce vulgarmente con el nombre de aperitivo. Esta palabra proviene del latín y significa «algo que abre el apetito». La costumbre del aperitivo proviene de la Antigüedad, y aunque su finalidad primitiva era la de estimular al estómago para la recepción de los alimentos, en la actualidad se conserva más bien como mera norma social.

26 de noviembre

¿POR QUÉ HAY PLUMAS CON LAS QUE SE PUEDE ESCRIBIR?

Porque antiguamente se usaban como objeto de escritorio las plumas de ave, especialmente las de oca. La extremidad inferior de la pluma se afilaba y se mojaba en tinta, que se depositaba en el canalillo hueco de su interior. El uso de este utensilio se prolongó hasta mediados del siglo pasado y su nombre ha perdurado para designar el procedimiento actual.

27 de noviembre

¿POR QUÉ LAS PUERTAS DE LAS CASAS TIENEN CERRADURA?

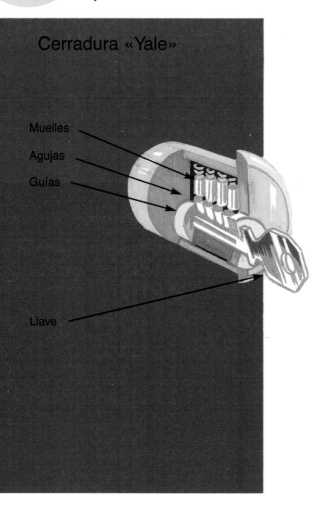

Cerradura «Yale»

Muelles

Agujas

Guías

Llave

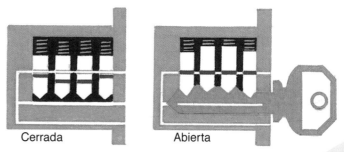

Cerrada   Abierta

Desde muy antiguo se han utilizado sistemas para mantener las puertas de las casas cerradas con seguridad y protegidas de extraños. El sistema más antiguo, la tranca, ofrecía la desventaja de ser utilizable sólo cuando estaba alguien dentro de la casa. Con la invención de la cerradura esa dificultad se venció, permitiendo a cada cual usar una llave distinta y propia.

28 de noviembre

¿POR QUÉ ALGUNAS PERSONAS SE EXPRESAN POR MEDIO DE LAS MANOS?

Los sordomudos son personas sordas de nacimiento que, al faltarles la percepción de los sonidos, no pueden imitarlos y por tanto no aprenden a hablar. Aprovechando la posibilidad de comunicación visual, los sordomudos han utilizado y utilizan un sistema de gestos manuales, cada uno de los cuales corresponde a una letra del alfabeto.

29 de noviembre

¿POR QUÉ ALGUNAS PERSONAS LLEVAN GAFAS NEGRAS Y NO PARECEN VER?

Los ojos de los ciegos carecen de expresividad y éstos utilizan gafas negras para disimularlo. En otros casos, las gafas negras de los ciegos ocultan lesiones o deformaciones externas que podrían parecer desagradables a los demás. Puede ocurrir también, que las gafas tengan como misión proteger los ojos del ciego, pues aunque éstos no le sean útiles para ver, necesitan protección del aire, polvo, lluvia, etc.

30 de noviembre

¿POR QUÉ LOS CIEGOS PUEDEN LEER?

Al carecer del sentido de la vista, los ciegos sensibilizan mucho más el del tacto. El método Braille traduce las letras del alfabeto mediante la posición y el número de unos puntos abultados en el papel. Para leer según este método, el invidente va rozando con las yemas de los dedos las páginas del libro impreso en relieve. A través del tacto descifra las letras y números allí grabados.

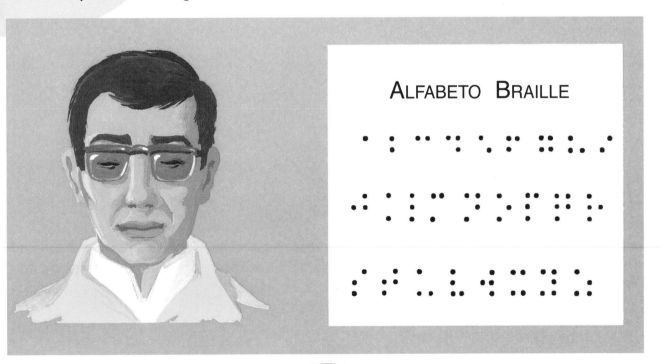

ALFABETO BRAILLE

1 de diciembre

¿POR QUÉ SE EXIGEN LAS HUELLAS DACTILARES EN LOS DOCUMENTOS DE IDENTIDAD?

El dibujo curvilíneo que presentan las yemas de los dedos es diferente para cada persona y permanece inalterable durante toda la vida. El sistema ha experimentado numerosos perfeccionamientos, y lo que empezó siendo método reservado a la identificación de delincuentes, acabó por imponerse como exigencia preventiva en todos los documentos personales de identidad.

2 de diciembre

¿POR QUÉ SE VOTA?

El voto, o sufragio, viene dado por la necesidad de elegir entre un conjunto numeroso de ciudadanos a aquellos que con más eficacia puedan representar a los diferentes colectivos ante la Ley. Para ejercer el derecho a voto es indispensable poseer la mayoría de edad.

3 de diciembre

¿POR QUÉ ES NECESARIO EL PASAPORTE EN MUCHOS PAÍSES?

El pasaporte, como documento oficial, data de la Edad Media. Era expedido por los soberanos para garantizar la protección de los embajadores y mercaderes. El estado de agitación política que siguió a la Revolución Francesa y a las sucesivas guerras napoleónicas indujo a buen número de países a estrechar la vigilancia en sus fronteras, con lo que el pasaporte se convirtió en documento indispensable para trasladarse de un país a otro.

4 de diciembre

¿POR QUÉ USAMOS CUBIERTOS EN LA MESA?

Aunque la utilización del cuchillo data del periodo Paleolítico, y la cuchara, de la Edad del Bronce, no se introdujeron en la mesa, como útiles usuales, hasta el siglo XVIII. Como la carne era por entonces el alimento principal, las tajadas, una vez trinchadas, se llevaban a la boca con los dedos. En nuestros días, en cambio, el uso de los cubiertos ha llegado a ser una exigencia rigurosa, y su correcta utilización distingue a las personas bien educadas.

5 de diciembre

¿POR QUÉ ALGUNAS PERSONAS TEMEN EL NÚMERO 13?

Quizá ninguna superstición tan difundida como la que se refiere al número 13. Esta superstición procede, según algunos, de que en la Última Cena de Jesús fueron «trece» los comensales reunidos, y de ellos uno, Judas, traicionó al Maestro y acabó trágicamente. Tan enraizada está dicha superstición en el sentir popular, que el número 13 se omite adrede en bastantes ordenamientos, como equipos deportivos.

6 de diciembre

¿POR QUÉ NOS TAPAMOS LA BOCA AL BOSTEZAR?

El bostezo es un acto reflejo involuntario y tiene orígenes diversos. Se produce por hambre, por sueño, por trastornos digestivos o por aburrimiento. Es desagradable, naturalmente, para las personas que nos rodean. Por añadidura, dado que una característica peculiar del bostezo es su poder de «contagio», se hace inexcusable que tapemos la boca cada vez que nos viene.

7 de diciembre

¿POR QUÉ ALGUNAS PERSONAS USAN BASTÓN BLANCO?

Durante un tiempo, bastante cercano a nosotros, el bastón fue objeto inseparable de todo caballero que se preciase de serlo. En nuestros días, en cambio, este objeto ha caído en desuso, y con excepción de algunos ancianos, sólo los ciegos llevan bastón. Pero éste, en todo caso, tiene finalidad distintiva. Suele ser blanco y su uso queda reservado a aquellas personas cuya visión no exceda al 1/10.

8 de diciembre

¿POR QUÉ SE CELEBRA EL CARNAVAL?

Este festejo, de oscura motivación histórico-religiosa, está enraizado en las antiguas saturnales romanas, o fiestas populares que se celebraban en honor de Saturno. Hasta el siglo XIX fue, sin duda, una de las manifestaciones más expresivas del acervo popular. Hoy, aunque en parte conserve su carácter originario, ha perdido su sentido primitivo, y es apenas un pretexto más de diversión mundana.

9 de diciembre

¿POR QUÉ ALGUNOS PANTALONES TIENEN RAYA?

El uso de la raya se produjo por puro azar. A raíz del descubrimiento de América, las ropas destinadas a los colonos allí establecidos debían ser trasportadas en barco desde Europa. El transporte se hacía sin excesivos miramientos, y los pantalones, apilados en la bodega durante tan larga travesía, se «marcaban» espontáneamente con raya, que los rudos destinatarios no se cuidaban de eliminar. El uso engendró costumbre.

10 de diciembre

¿POR QUÉ LAS CARICATURAS NOS HACEN REÍR?

Los resortes de la sonrisa que provoca en nosotros apenas si han variado con el tiempo. Se basan en la deformación deliberada de los rasgos más sobresalientes de la persona y en la ridiculización, por contraste, de los defectos característicos de algo o de alguien. Aunque es género mundialmente cultivado, España, en particular, ha contado siempre con destacados representantes.

11 de diciembre

¿POR QUÉ EN CIERTOS MONUMENTOS ARDE SIEMPRE UNA LLAMA?

Bajo el Arco del Triunfo, en París, y sobre la tumba del que fuera presidente de los Estados Unidos, John F. Kennedy, en el cementerio de Arlington, permanece perpetuamente encendida una llama. El significado es el mismo: honrar la memoria de los que ofrendaron su vida en servicio de la patria. No en vano el fuego posee, en casi todas las religiones, un profundo sentido litúrgico.

12 de diciembre

¿POR QUÉ SE DICE QUE EL DIABLO SABE MÁS POR VIEJO QUE POR DIABLO?

Sócrates

El paso de los años enriquece en nosotros no sólo el bagaje cultural, sino el caudal de experiencias. Ya en los textos bíblicos la noción de sabiduría aparece con una dimensión relacionados con la edad. También para los griegos esta dimensión de la sabiduría primaba. Todo exige un lento proceso de asimilación que sólo el correr de la vida madura en nosotros. Y el diablo es muy viejo...

13 de diciembre

¿POR QUÉ DISFRUTAMOS DE LA MÚSICA Y NO DEL RUIDO?

La música es el resultado de combinar armoniosamente los sonidos para expresar emociones y sentimientos, en tanto que el ruido es una mezcla confusa de sonidos inarticulados. De ahí que, pese a su origen común, dispensemos tan diferente acogida a una y a otro. Mientras que en aquélla hallamos una fuente inextinguible de deleite, en éste, por el contrario, nuestra sensibilidad se crispa en grado parejo a su intensidad.

14 de diciembre

¿POR QUÉ EXISTEN HIMNOS NACIONALES?

El himno, como composición poético-musical, nació en la Antigüedad para honrar a las divinidades y a los héroes. Más tarde, entre los siglos XVIII y XIX, adquirió marcado carácter político de glorificación nacional. El himno más antiguo es el japonés, que se remonta al siglo VIII, y el más popular, el francés, La Marsellesa. El de España, de origen alemán, fue adoptado oficialmente en tiempos de Carlos III.

15 de diciembre

¿POR QUÉ EN ALGUNOS PAÍSES LOS COCHES CIRCULAN POR LA IZQUIERDA?

En Gran Bretaña y otros países de la Commonwealth es obligatorio circular por la izquierda. En el pasado, los cocheros hostigaban a las caballerías con el látigo, utilizando la mano derecha, lo que implicaba un riesgo considerable para los peatones que transitaban por las aceras. El respeto a la tradición, tan firme en los pueblos anglosajones perpetuaría luego la antigua costumbre hasta nuestros días.

16 de diciembre

¿POR QUÉ SE REPRESENTA A LA JUSTICIA CON UNA MATRONA Y UNA BALANZA?

El fin de la Justicia consiste en otorgar a cada persona aquello que por derecho le corresponde, defendiendo al individuo con arreglo a principios de equidad.

La Justicia, pues, como virtud cardinal, emana de la Divinidad. Por eso se la personifica en la diosa romana Iustitia, bajo el aspecto de una noble matrona que sostiene una espada (la Ley) y una balanza (la Equidad). Los ojos vendados simbolizan la imparcialidad.

17 de diciembre

¿POR QUÉ ALGUNAS PERSONAS VIVEN EN CARRUAJES?

La vida trashumante ha sido siempre inseparable de la condición humana. En la Antigüedad, las migraciones alcanzaron a veces a pueblos enteros, y aun hoy muchas tribus primitivas —en especial, africanas— se desplazan regularmente de acuerdo con los ciclos climáticos más acordes con sus necesidades de subsistencia.

18 de diciembre

¿POR QUÉ USAMOS CORBATA?

La corbata, tal como hoy la conocemos, es un adorno de origen reciente. Proviene directamente de los cuellos de encaje que se usaban en el siglo XVII. Durante la Revolución Francesa se transformó en una faja de tela arrollada al cuello, en tanto que el nudo no se introdujo hasta finales del siglo XIX. Aunque en la actualidad es moda cuestionar su uso, la sociedad, a nivel de la convivencia formal, sigue imponiéndola.

19 de diciembre

¿POR QUÉ FUE PROMULGADA LA DECLARACIÓN DE LOS DERECHOS HUMANOS?

La progresiva evolución de las sociedades civilizadas hacia formas más perfectas de justicia indujo ya a los humanistas franceses del siglo XVIII a formular la Declaración de los Derechos Humanos en 1789. Sobre aquella pauta los representantes de numerosos países de todo el mundo, reunidos en Helsinki, perfeccionaron aquellos principios, que se contemplan en la Declaración.

20 de diciembre

¿POR QUÉ ES ROJA Y GUALDA LA BANDERA ESPAÑOLA?

Hasta Carlos III, la bandera de España era blanca con la flor de lis. Pero como esta enseña —la de la Casa de Borbón— coincidía por entero con la que en Francia ostentaba la dinastía reinante, el monarca español decidió adoptar una bandera nueva, cuyos colores tomó de su antiguo reino de Nápoles, el cual a su vez los había heredado de la Casa de Aragón y Cataluña desde los tiempos de Alfonso el Magnánimo.

21 de diciembre

¿POR QUÉ NOS REÍMOS DE LA PERSONA QUE SUFRE UN TROPEZÓN?

El mecanismo de la risa tiene un componente inteligente. Por eso los animales no ríen.

Pero la risa, por otra parte, apenas se da en el aislamiento; exige participación. Por eso cuando asistimos al traspiés de un semejante, en realidad no nos reímos de él, sino del efecto cómico que comporta el tropezón. Los grandes cómicos nos han dado excelentes muestras de este mecanismo de la risa.

22 de diciembre

¿POR QUÉ DAMOS PROPINA?

La propina es una gratificación voluntaria de que se hace objeto a quien nos presta un servicio con especial esmero. Sin embargo, el uso ha venido a consagrar indiscriminadamente esta costumbre, no siempre, en verdad, fundamentada. En rigor, la propina es «dinero para beber» (del latín *propinare,* convidar a beber).

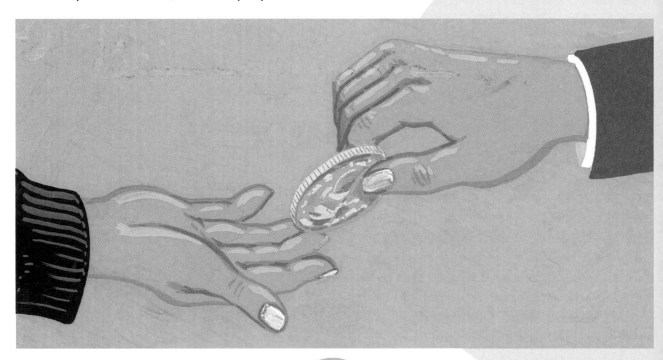

23 de diciembre

¿POR QUÉ ES NECESARIA LA HIGIENE?

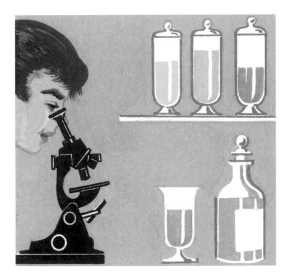

Hasta el siglo XIX las epidemias diezmaban sistemáticamente a cada paso poblaciones enteras, en muchos casos por falta de higiene. La higiene, como rama de la medicina, abarca numerosos aspectos, aparte del personal. Así se habla de higiene urbana, nacional, laboral, etc. Y todos ellos, por igual importantes, se sustancian en leyes sanitarias cuya normativa viene dictada por la Convención Internacional de la Organización Mundial de la Salud.

24 de diciembre

¿POR QUÉ PONEN «SU SIGNO» LOS NOTARIOS?

La función del notario, como es sabido, consiste en respaldar como verdad los actos en que interviene, de los que da fe pública, autorizado por la Ley. Esta labor se materializa en documentos especiales —escrituras, testimonios, voluntades testamentarias, etc.—, al pie de las cuales el notario debe firmar no de manera común, sino con una figura distintiva hecha de diversos rasgos, a los que de ordinario antepone una cruz.

25 de diciembre

¿POR QUÉ LOS JAPONESES SE INCLINAN SIEMPRE ANTE LA EFIGIE DE SU EMPERADOR?

Japón es un país de cultura milenaria. Ello se evidencia no tanto en su floreciente desarrollo económico, como en su actitud usual ante la vida, siempre disciplinada, responsable y amante de las tradiciones. De ahí la reverencia que los japoneses dispensan a la figura del Emperador, ante cuya efigie se inclinan respetuosamente aun cuando no se sientan observados por nadie.

26 de diciembre

¿POR QUÉ FUE INSTITUIDO EL «DÍA DEL HAMBRE»?

Aun cuando a los habitantes del mundo occidental nos parezca inconcebible, sólo un 28 por 100 de la población mundial está bien alimentada.

Naciones Unidas sostiene un organismo (la F.A.O.) destinado a remediar en lo posible esta necesidad del Tercer Mundo, y la iniciativa particular, por su parte, ha instituido el «Día del Hambre», con la finalidad de recabar ayuda alimenticia.

27 de diciembre

¿POR QUÉ ES ACONSEJABLE PRACTICAR GIMNASIA?

La gimnasia es un medio de educación física que utiliza el ejercicio para desarrollar armoniosamente el organismo humano y mejorar el rendimiento psicofísico del individuo. Practicada desde la Antigüedad por los pueblos cultos, en la Grecia clásica —con sus famosos Juegos Olímpicos— adquirió verdadero esplendor. En nuestros días, ha llegado a constituir una disciplina de rango universal, aconsejada por médicos y pedagogos.

28 de diciembre

¿POR QUÉ EXISTEN LOS TÍTULOS DE NOBLEZA?

La creación de la nobleza se remonta a la Antigüedad. Tenía por objeto distinguir a aquellas personas que de alguna manera (por su valor, heroísmo o singulares servicios) contribuían al engrandecimiento del reino.

Con el advenimiento de la Edad Media la nobleza adquirió extraordinaria relevancia política.

En la actualidad, los soberanos reinantes la otorgan rara vez y casi siempre como premio al talento.

29 de diciembre

¿POR QUÉ LOS BILLETES DE BANCO LLEVAN OCULTO UN DIBUJO?

La falsificación, bastante frecuente, de este género de moneda, generalmente emitida por la Administración y respaldada por ella, indujo a los expertos a ingeniar este procedimiento, con el que se dificultan extraordinariamente los intentos de imitación. Consiste en una marca hecha en el momento de fabricar el papel, y que resulta casi imposible de imitar por otros procedimientos.

30 de diciembre
¿POR QUÉ A LOS JUEGOS FLORALES SE LES LLAMA ASÍ?

Los juegos florales, o concursos poéticos, fueron creados por los trovadores provenzales en el año 1342. Más tarde se difundieron por otros reinos. Tras prolongada decadencia, el hispanista alemán Fastenrath los resucitó en 1899. Desde entonces han adquirido extraordinaria difusión. Los preside una Reina, nombrada para la ocasión, de cuyas manos recibe el poeta galardonado la flor natural que le acredita como triunfador.

31 de diciembre

¿POR QUÉ LOS ÁRBITROS DE FÚTBOL UTILIZAN SILBATO?

El origen de esta norma es puramente casual. Se produjo en Nueva Zelanda, en 1833, durante la celebración de un partido. El árbitro no podía hacerse oír por los jugadores, y tuvo la feliz ocurrencia de recurrir a un silbato. Los contendientes, sorprendidos, interrumpieron instantáneamente su juego. Desde entonces, ante la eficacia del procedimiento, el silbato fue adoptado como instrumento reglamentario.

RECORTABLES

En estas páginas encontrarás imágenes recortables para utilizar en tus trabajos escolares.

LA TIERRA
Y EL UNIVERSO

1

2

3

Cirros

Cirrocúmulos

Cúmulos

Nimbos

4

5

6

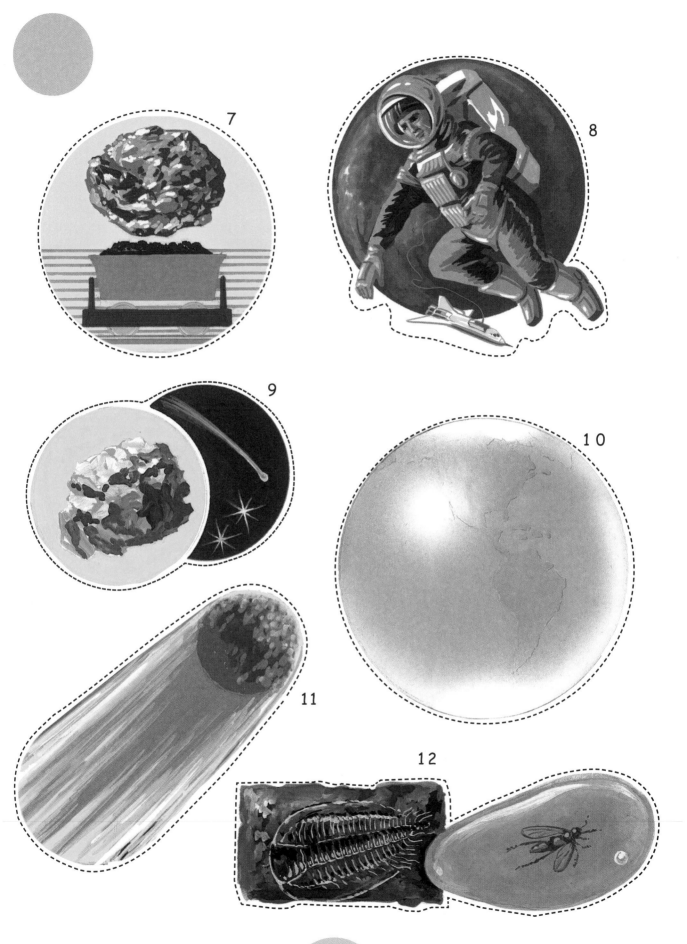

7

8

9

10

11

12

1

2

3

4

5

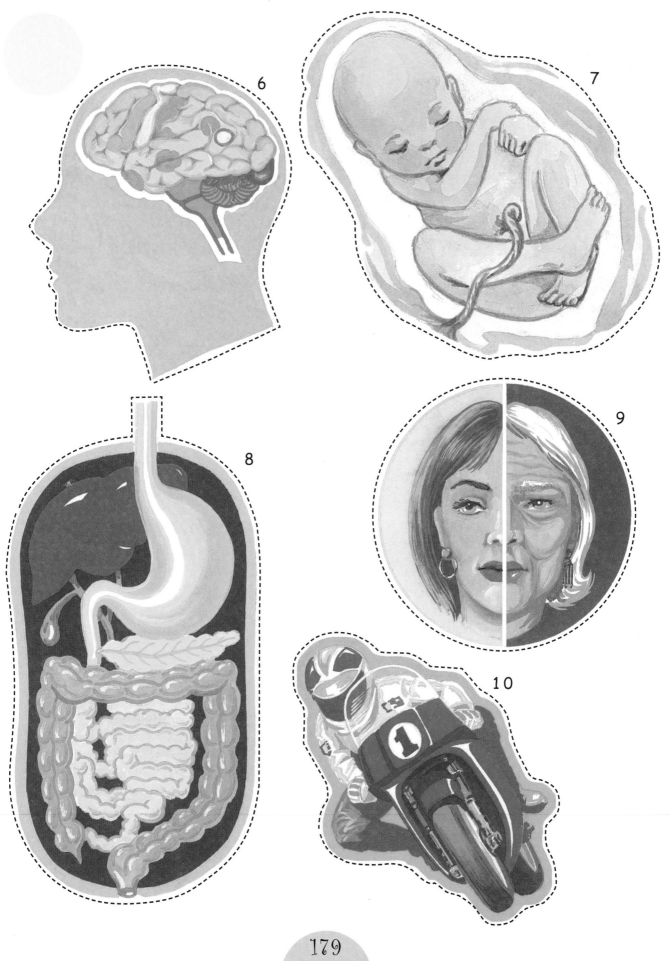

6

7

8

9

10

PLANTAS

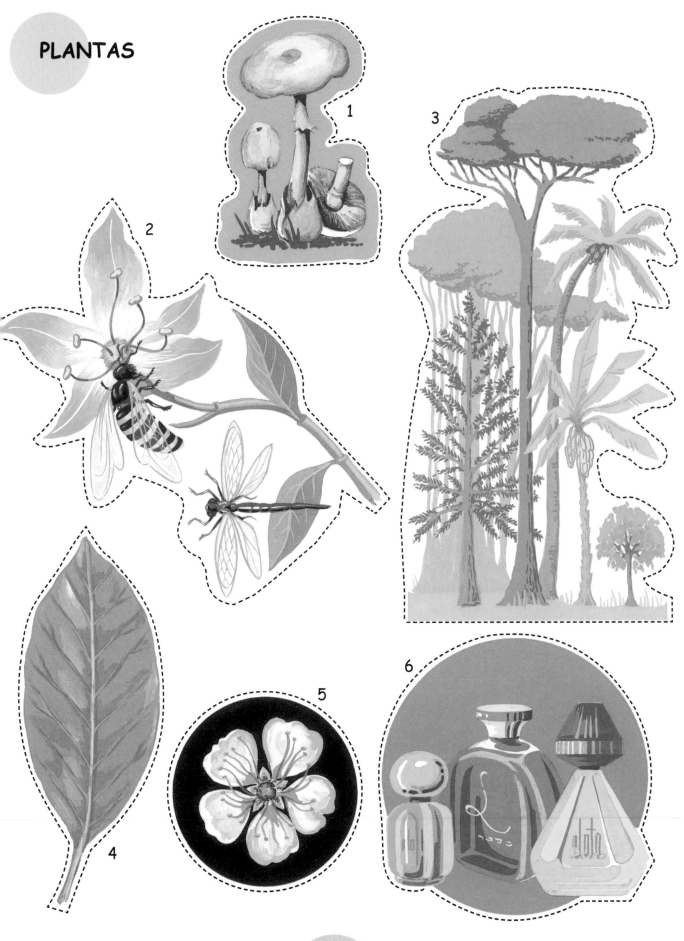

1

2

3

4

5

6

1. Pollito
2. Albatros
3. Perro
4. Tigre

ANIMALES

1

2

3

4

5. Mantis religiosa
6. Urogallo
7. Reptil
8. Murciélago

5

6

7

8

1. Imán
2. Avión
3. Barco
4. Mecanismo del reloj
5. Submarino

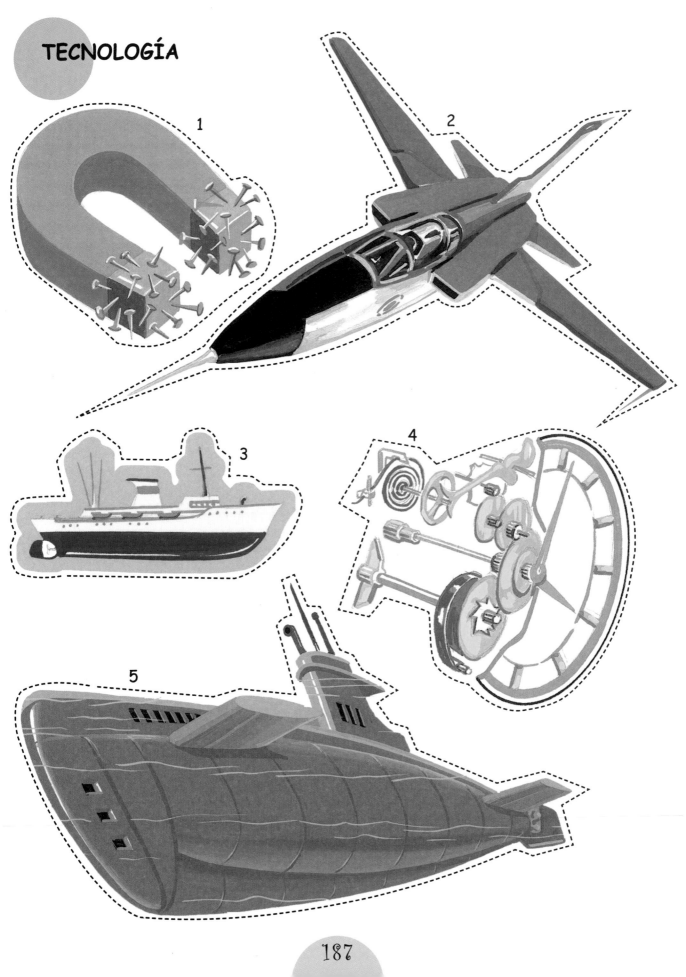

1

2

3

4

5

ÍNDICE